Sprache

Philosophische Essays

Ausgewählt von
Rolf Tiedemann

Mit einem Essay von
Theodor W. Adorno

Philipp Reclam jun. Stuttgart

Umschlagfoto: Walter Benjamin um 1925

Universal-Bibliothek Nr. 8775
Alle Rechte vorbehalten
© für diese Ausgabe 1992 Philipp Reclam jun. GmbH & Co., Stuttgart
Lizenzausgabe mit freundlicher Genehmigung des Suhrkamp Verlages
Für die Texte von Walter Benjamin aus den *Gesammelten Schriften*
© 1972, 1974, 1977 Suhrkamp Verlag, Frankfurt am Main
Für den Text von Theodor W. Adorno aus *Prismen. Kulturkritik und Gesellschaft*
© 1955, 1977 Suhrkamp Verlag, Frankfurt am Main
Gesamtherstellung: Reclam, Ditzingen. Printed in Germany 1995
RECLAM und UNIVERSAL-BIBLIOTHEK sind eingetragene
Warenzeichen der Philipp Reclam jun. GmbH & Co., Stuttgart
ISBN 3-15-008775-9

Inhalt

Zwei Gedichte von Friedrich Hölderlin 5
Über Sprache überhaupt und über die Sprache
  des Menschen 30
Die Aufgabe des Übersetzers 50
Erkenntniskritische Vorrede
  ⟨zum *Ursprung des deutschen Trauerspiels*⟩ 65
Über das mimetische Vermögen 91
Schicksal und Charakter 95
Zur Kritik der Gewalt 104
Theologisch-politisches Fragment 132
Erfahrung und Armut 134
Über den Begriff der Geschichte 141

Theodor W. Adorno
Charakteristik Walter Benjamins 155

Zur vorliegenden Auswahl 173
Textnachweise 176

Zwei Gedichte von Friedrich Hölderlin

»Dichtermut« – »Blödigkeit«

Die Aufgabe der folgenden Untersuchung läßt sich in die Ästhetik der Dichtkunst nicht ohne Erklärung einordnen. Diese Wissenschaft als reine Ästhetik hat ihre vornehmsten Kräfte der Ergründung der einzelnen Gattungen der Dichtkunst zugewendet, unter ihnen am häufigsten der Tragödie. Einen Kommentar hat man fast nur den großen Werken der Klassik angedeihen lassen, wo er außerhalb der klassischen Dramatik auftrat ist er wohl in höherem Grade philologisch als ästhetisch gewesen. Es soll hier ein ästhetischer Kommentar zweier lyrischer Dichtungen versucht sein, und diese Absicht verlangt einige Vorbemerkungen über die Methode. Die innere Form, dasjenige, was Goethe als Gehalt bezeichnet, soll an diesen Gedichten aufgewiesen werden. Die dichterische Aufgabe, als Voraussetzung einer Bewertung des Gedichts, ist zu ermitteln. Nicht danach kann die Bewertung sich richten, wie der Dichter seine Aufgabe gelöst habe, vielmehr bestimmt der Ernst und die Größe der Aufgabe selbst die Bewertung. Denn diese Aufgabe wird aus dem Gedichte selbst abgeleitet. Sie ist auch als Voraussetzung der Dichtung zu verstehen, als die geistig-anschauliche Struktur derjenigen Welt, von der das Gedicht zeugt. Diese Aufgabe, diese Voraussetzung soll hier als der letzte Grund verstanden sein, der einer Analysis zugänglich ist. Nichts über den Vorgang des lyrischen Schaffens wird ermittelt, nichts über Person oder Weltanschauung des Schöpfers, sondern die besondere und einzigartige Sphäre, in der Aufgabe und Voraussetzung des Gedichts liegt. Diese Sphäre ist Erzeugnis und Gegenstand der Untersuchung zugleich. Sie selbst kann nicht mehr mit dem Gedicht verglichen werden, sondern ist vielmehr das einzig Feststellbare der Untersuchung. Diese Sphäre, welche für jede Dichtung eine besondere Gestalt hat, wird als das Gedichtete bezeichnet. In ihr soll jener eigentümliche Bezirk erschlossen werden, der die Wahrheit der Dichtung enthält. Diese »Wahrheit«, die gerade die ernstesten Künstler von ihren Schöpfungen so dringend behaupten, soll verstanden sein als Gegenständlichkeit ihres Schaffens, als die Erfüllung der jeweiligen künstlerischen Aufgabe. »Jedes Kunstwerk hat ein Ideal a priori, eine Notwendigkeit bei sich, da zu sein.« (Novalis) Das Gedichtete ist in seiner allgemeinen Form synthetische Einheit der geistigen und anschaulichen Ordnung. Diese Einheit erhält ihre besondere Gestalt als innere Form der besonderen Schöpfung.

Der Begriff des Gedichteten ist ein Grenzbegriff in doppelter Hinsicht. Er ist Grenzbegriff zunächst gegen den Begriff des Gedichts. Das Gedichtete unterscheidet sich als Kategorie ästhetischer Untersuchung von dem Form-Stoff-Schema entscheidend dadurch, daß es die fundamentale ästhetische Einheit von Form und Stoff in sich bewahrt und anstatt beide zu trennen, ihre immanente notwendige Verbindung in sich ausprägt. Dies kann im folgenden, da es sich um das Gedichtete einzelner Gedichte handelt, nicht theoretisch, sondern nur am einzelnen Fall bemerkt werden. Und zu einer theoretischen Kritik des Form- und Stoff-Begriffs in der ästhetischen Bedeutung ist auch hier nicht der Ort. In der Einheit von Form und Stoff teilt also das Gedichtete eines der wesentlichsten Merkmale mit dem Gedicht selbst. Es ist selbst nach dem Grundgesetz des künstlerischen Organismus gebaut. Vom Gedicht unterschieden ist es als ein Grenzbegriff, als Begriff seiner Aufgabe, nicht schlechthin noch durch ein prinzipielles Merkmal. Vielmehr lediglich durch seine größere Bestimmbarkeit: nicht durch einen quantitativen Mangel an Bestimmungen, sondern durch das potentielle Dasein derjenigen, die im Gedicht aktuell vorhanden sind und andrer. Das Gedichtete ist eine Auflockerung der festen funktionellen Verbundenheit. die im Gedichte selbst waltet, und sie kann nicht anders entstehen als durch ein Absehen von gewissen Bestimmungen; indem hierdurch das Ineinandergreifen, die Funktionseinheit der übrigen Elemente sichtbar gemacht wird. Denn es ist durch das aktuelle Dasein aller Bestimmungen das Gedicht derart determiniert, daß es nur noch als solches einheitlich auffaßbar ist. Die Einsicht in die Funktion setzt aber die Mannigfaltigkeit der Verbindungsmöglichkeiten voraus. So besteht die Einsicht in die Fügung des Gedichts in dem Erfassen seiner immer strengeren Bestimmtheit. Auf diese höchste Bestimmtheit im Gedicht hinzuführen, muß das Gedichtete von gewissen Bestimmungen absehen.

Durch dieses Verhältnis zur anschaulichen und geistigen Funktionseinheit des Gedichts zeigt sich das Gedichtete als Grenzbestimmung gegen dieses. Zugleich ist es aber Grenzbegriff gegen eine andere Funktionseinheit, wie denn stets ein Grenzbegriff als Grenze zwischen zwei Begriffen nur möglich ist. Diese andere Funktionseinheit ist nun die Idee der Aufgabe, entsprechend der Idee der Lösung, als welche das Gedicht ist. (Denn Aufgabe und Lösung sind nur in abstracto trennbar.) Diese Idee der Aufgabe ist für den Schöpfer immer das Leben. In ihm liegt die andere extreme Funktionseinheit. Das Gedichtete erweist sich also als Übergang von der Funktionseinheit des Lebens zu der des Gedichts. In ihm bestimmt sich das Leben durch das Gedicht, die Aufgabe durch die Lösung. Es liegt nicht die individuelle Lebensstimmung des Künstlers zum Grunde, sondern ein durch die Kunst bestimmter Lebenszusammenhang. Die Kategorien, in denen diese Sphäre, die Übergangssphäre der beiden Funktionseinheiten, erfaßbar ist, sind noch nicht vorgebildet und haben am nächsten vielleicht eine Anlehnung an die Begriffe des Mythos. Grade die schwächsten Leistungen der Kunst beziehen sich auf das unmittelbare Gefühl des Lebens, die stärksten aber, ihrer Wahrheit nach, auf eine dem Mythischen verwandte Sphäre: das Gedichtete. Das Leben ist allgemein das Gedichtete der Gedichte – so ließe sich sagen; doch je unverwandelter der Dichter die Lebenseinheit zur Kunsteinheit überzuführen sucht, desto mehr erweist er sich als Stümper. Diese Stümperei als »unmittelbares Lebensgefühl«, »Herzenswärme«, als »Gemüt« verteidigt, ja gefordert zu finden, sind wir gewohnt. An dem bedeutenden Beispiel Hölderlins wird deutlich, wie das Gedichtete die Möglichkeit der Beurteilung der Dichtung gibt, als durch den Grad der Verbundenheit und Größe seiner Elemente. Beide Kennzeichen sind untrennbar. Denn je mehr eine schlaffe Ausdehnung des Gefühls die innere Größe und Gestalt der Elemente (die wir annähernd als mythisch bezeichnen) ersetzt, desto geringer wird die Verbundenheit, desto mehr entsteht – sei es ein liebenswertes, kunstloses Naturerzeugnis, sei es ein kunst- und naturfremdes Machwerk. Das Leben liegt als letzte Einheit dem Gedichteten zum Grunde. Je früher aber die Analyse des Gedichts, ohne auf Gestaltung der Anschauung und Konstruktion einer geistigen Welt zu stoßen, auf das Leben selbst als sein Gedichtetes führt, desto – im engeren Sinne – stofflicher, formloser, unbedeutender erweist sich die Dichtung. Während die Analysis der großen Dichtungen nicht zwar auf den Mythos, aber auf eine durch die Gewalt der gegeneinanderstrebenden mythischen Elemente gezeugte Einheit als eigentlichen Ausdruck des Lebens stoßen wird.

Von dieser Natur des Gedichteten als Bezirkes gegen zwei Grenzen zeugt die Methode seiner Darstellung. Ihr kann es nicht um den Nachweis sogenannter letzter Elemente zu tun sein. Denn solche gibt es innerhalb des Gedichteten nicht. Vielmehr ist nichts andres als die Intensität der Verbundenheit der anschaulichen und der geistigen Elemente nachzuweisen und zwar zunächst an einzelnen Beispielen. Aber eben in diesem Nachweis muß sichtbar sein, daß es sich nicht um Elemente, sondern um Beziehungen handelt, wie ja das Gedichtete selbst eine Sphäre der Beziehung von Kunstwerk und Leben ist, deren Einheiten selbst durchaus nicht erfaßbar sind. Das Gedichtete wird sich so als die Voraussetzung des

Gedichts, als seine innere Form, als künstlerische Aufgabe zeigen. Das Gesetz, nach dem alle scheinbaren Elemente der Sinnlichkeit und der Ideen sich als Inbegriffe der wesentlichen, prinzipiell unendlichen Funktionen zeigen, wird das Identitätsgesetz genannt. Damit wird die synthetische Einheit der Funktionen bezeichnet. Sie wird in ihrer jeweils besonderen Gestalt als ein Apriori des Gedichts erkannt. Die Ermittelung des reinen Gedichteten, der absoluten Aufgabe, muß nach allem Gesagten das rein methodische, ideelle Ziel bleiben. Das reine Gedichtete würde aufhören Grenzbegriff zu sein: es wäre Leben oder Gedicht. – Ehe die Anwendbarkeit der Methode für die Ästhetik der Lyrik überhaupt, vielleicht auch für fernere Bezirke geprüft ist, verbieten sich weitere Ausführungen. Erst dann kann sich klar ergeben, was Apriori des einzelnen Gedichts, was ein solches des Gedichts überhaupt oder gar andrer Dichtungsarten, oder selbst der Dichtung überhaupt ist. Deutlicher aber wird sich zeigen, daß über lyrische Dichtung das Urteil, wenn nicht zu beweisen, so doch zu begründen ist.

Zwei Gedichte Hölderlins, »Dichtermut« und »Blödigkeit«, wie sie uns aus der Reife- und Spätzeit überkommen sind, werden nach dieser Methode untersucht. Sie wird im Verlaufe die Vergleichbarkeit der Gedichte erweisen. Eine gewisse Verwandtschaft verbindet sie, sodaß man von verschiedenen Fassungen sprechen könnte. Eine Fassung, die zwischen die früheste und späteste gehört (»Dichtermut« zweite Fassung) bleibt als unwesentlicher hier unbesprochen.

Die Betrachtung ergibt für die erste Fassung eine beträchtliche Unbestimmtheit des Anschaulichen und Unverbundenheit im einzelnen. So ist der Mythos des Gedichts vom Mythologischen noch durchwuchert. Das Mythologische erweist sich als Mythos erst in dem Maße seiner Verbundenheit. An der inneren Einheit von Gott und Schicksal ist der Mythos erkennbar. Am Walten der ἀνάγκη. Ein Schicksal ist Hölderlin in der ersten Fassung seines Gedichtes Gegenstand: der Tod des Dichters. Er besingt die Quellen des Mutes zu diesem Tode. Dieser Tod ist die Mitte, aus der die Welt des dichterischen Sterbens entspringen sollte. Das Dasein in jener Welt wäre der Mut des Dichters. Aber hier ist nur der wachsamsten Ahnung ein Strahl dieser Gesetzlichkeit aus einer Welt des Dichters fühlbar. Schüchtern erhebt sich erst die Stimme, einen Kosmos zu singen, dem der Tod des Dichters den eignen Untergang bedeutet. Der Mythos bildet sich vielmehr aus der Mythologie. Der Sonnengott ist der Ahn des Dichters und sein Sterben ist das Schicksal, an dem der Tod des Dichters, erst gespiegelt, wirklich wird. Eine Schönheit, deren innere Quelle wir nicht kennen, löst die Gestalt des Dichters – kaum minder die des Gottes – auf, anstatt sie zu formen. – Noch begründet sich der Mut des Dichters seltsam aus einer andern, fremden Ordnung. Aus der Verwandtschaft der Lebendigen. Von ihr gewinnt er Verbundenheit mit seinem Schicksal. Was hat dem dichterischen Mut die Volksverwandtschaft zu bedeuten? Nicht fühlbar wird im Gedicht das tiefere Recht, aus dem der Dichter seinem Volk, den Lebendigen, sich anlehnt und ihnen verwandt fühlt. Wir wissen diesen Gedanken einen der tröstenden Dichter, wissen ihn besonders teuer Hölderlin. Dennoch kann jene Naturverbundenheit allem Volke uns hier nicht begründet sein als Bedingung dichterischen Lebens. Warum feiert – und mit höherem Recht – der Dichter nicht das Odi profanum? Dies darf, muß gefragt werden, wo die Lebendigen noch keine geistige Ordnung begründen. – Höchst erstaunlich greift, mit beiden Armen, der Dichter in fremde Weltordnungen, nach Volk und Gott, seinen eignen, den Mut der Dichter in sich aufzurichten. Aber der Gesang, das Innerliche des Dichters, die bedeutende Quelle seiner Tugend, erscheint, wo er genannt ist, schwach, ohne Gewalt und Größe. Das Gedicht lebt in der griechischen Welt, eine dem Griechischen angenäherte Schönheit belebt es und von der Mythologie der Griechen ist es beherrscht. Das besondere Prinzip griechischer Gestaltung ist aber nicht rein entfaltet. »Denn seitdem der Gesang sterblichen Lippen sich | Friedenatmend entwand, frommend in

Leid und Glück | Unsre Weise der Menschen | Herz erfreute...«. Diese Worte enthalten die Ehrfurcht vor der Gestalt des Dichterischen, die Pindar – und mit ihm den späten Hölderlin – erfüllte, nur sehr geschwächt. Auch die »Sänger des Volks«, jedem »hold«, dienen, so gesehen, nicht, einen anschaulichen Weltgrund diesem Gedicht zu legen. In der Gestalt des sterbenden Sonnengottes bezeugt sich am deutlichsten eine in allen Elementen unbezwungene Zweiheit. Noch spielt die idyllische Natur entgegen der Gestalt des Gottes ihre besondere Rolle. Die Schönheit – anders gesprochen – ist noch nicht restlos Gestalt geworden. Es fließt auch die Vorstellung des Todes nicht aus reinem gestalteten Zusammenhang. Der Tod selbst ist nicht – wie er später verstanden ist – Gestalt in ihrer tiefsten Bindung, er ist Verlöschen des plastischen, heroischen Wesens in der unbestimmten Schönheit der Natur. Raum und Zeit dieses Todes sind noch nicht im Geiste der Gestalt als Einheit entsprungen. Die gleiche Unbestimmtheit des formenden Prinzips, die so stark sich gegen das beschworne Griechentum abhebt, bedroht das ganze Gedicht. Die Schönheit, die fast stimmungsmäßig die schöne Erscheinung des Gesanges der Heiterkeit des Gottes verbindet, diese Vereinzelung des Gottes, dessen mythologisches Schicksal nur eine analogische Bedeutung für den Dichter aufbringt, sie entspringen nicht der Mitte einer gestalteten Welt, deren mythisches Gesetz der Tod wäre. Sondern eine nur schwach gefügte Welt stirbt mit der sinkenden Sonne in Schönheit. Das Verhältnis der Götter und Menschen zur dichterischen Welt, zur raumzeitlichen Einheit, in der sie leben, ist nicht intensiv, auch nicht rein griechisch, durchgestaltet. Es muß völlig erkannt werden, daß das Gefühl des Lebens, eines ausgebreiteten und unbestimmten Lebens, das gar nicht konventionsfreie Grundgefühl dieser Dichtung ist, daß also daher die stimmungsvolle Verbindung ihrer in Schönheit vereinzelten Glieder sich herschreibt. Das Leben als unbezweifelte – liebliche vielleicht, vielleicht erhabene – Grundtatsache bestimmt noch (Gedanken auch verschleiernd) diese Welt Hölderlins. Davon zeugt auf seltsame Art auch die sprachliche Bildung des Titels, da eine eigentümliche Unklarheit jene Tugend auszeichnet, der man den Namen ihres Trägers beigibt, uns so auf eine Trübung ihrer Reinheit durch allzugroße Lebensnähe dieser Tugend hinweisend. (Vergl. die Sprachbildung: Weibertreue) Ein fast fremder Klang fällt der Schluß mit Ernst in die Kette der Bilder »Und dem Geiste sein Recht nirgend gebricht«, diese gewaltige Mahnung, die dem Mute entsprungen ist, steht hier allein, und nur die Größe eines Bildes findet aus einer frühern Strophe sich zu ihr »uns . . . | Aufgerichtet an goldnen | Gängelbanden, wie Kinder, hält.« Die Verbundenheit des Gottes mit Menschen ist nach starren Rhythmen in ein großes Bild gezwungen. Aber in seiner Vereinzelung vermag es nicht, den Grund jener verbundenen Mächte zu deuten und verliert sich. Erst die Gewalt der Umwandlung wird es deutlich und auszusprechen schicklich machen: das dichterische Gesetz hat sich dieser hölderlinschen Welt noch nicht erfüllt.

Was innerster Zusammenhang jener dichterischen Welt bedeutet, die angedeutet die erste Fassung enthält, und wie Vertiefung die Umwälzung der Struktur bedingt, wie von der gestalteten Mitte her notwendig Gestaltung von Vers zu Vers dringt, dies ergibt die letzte Fassung. Die unanschauliche Lebensvorstellung, ein unmythischer, schicksalloser Lebensbegriff aus einer geistig unbeträchtlichen Sphäre, wurde als bindende Voraussetzung des früheren Entwurfes gefunden. Wo Vereinzelung der Gestalt, Beziehungslosigkeit des Geschehens war, tritt nun die anschaulich-geistige Ordnung, der neue Kosmos des Dichters. Schwer ist es, einen möglichen Zugang zu dieser völlig einheitlichen und einzigen Welt zu gewinnen. Die Undurchdringlichkeit der Beziehungen stellt jedem andern als fühlenden Erfassen sich entgegen. Die Methode verlangt, von Verbundnem von Anfang an auszugehen, um Einsicht in die Fügung zu gewinnen. Vom Gestaltzusammenhange her vergleiche man den dichterischen Aufbau beider Fassungen, so der Mitte der Verbundenheiten langsam zustrebend. Es wurde die unbestimmte Zugehörigkeit von Volk und Gott zu einander (wie auch zum Dichter) früher schon erkannt. Dagegen steht die gewaltige Zugehörigkeit der einzelnen Sphären im letzten Gedicht. Die Götter und die Lebendigen sind im Schicksal des Dichters ehern verbunden. Aufgehoben ist die hergebrachte und einfache Überordnung der Mythologie. Vom Gesang, der sie »der Einkehr zu« führt, ist gesagt, daß er »Himmlischen gleich« Menschen führe – und die Himmlischen selbst. Aufgehoben ist also der eigentliche Grund der Vergleichung, denn der Fortgang sagt: auch die Himmlischen, und sie nicht anders als die Menschen, führt der Gesang. Die Ordnung der Götter und Menschen ist hier – in der Mitte des Gedichts – seltsam gegen einander gehoben, die eine geglichen durch die andere. (Wie zwei Waagschalen: man beläßt sie in ihrer Gegenstellung, doch hebt sie vom Waagebalken.) Damit tritt sehr vernehmlich das formale Grundgesetz des Gedichteten auf, der Ursprung jener Gesetzlichkeit, deren Erfüllung der letzten Fassung das Fundament gibt. Dieses Gesetz der Identität besagt, daß alle Einheiten im Gedicht schon in einer intensiven Durchdringung erscheinen, niemals die Elemente rein erfaßbar sind, vielmehr nur das Gefüge der Beziehungen, von dem die Identität des einzelnen Wesens Funktion einer unendlichen Kette von Reihen ist, in denen das Gedichtete sich entfaltet. Das Gesetz, nach dem sich alle Wesenheiten im Gedichteten als Einheit der prinzipiell unendlichen Funktionen zeigen, ist das Identitätsgesetz. Kein Element kann irgend bezugsfrei sich aus der Intensität der Weltordnung, die im Grunde gefühlt ist, herausheben. An allen einzelnen Fügungen, der innern Form der Strophen und Bilder wird dies Gesetz sich erfüllen zeigen, um schließlich in der Mitte aller dichterischen Beziehungen dies zu bewirken: die Identität der anschaulichen und geistigen Formen unter- und miteinander – die raumzeitliche Durchdringung aller Gestalten in einem geistigen Inbegriff, dem Gedichteten, das identisch dem Leben ist. – Hier aber muß nur die gegenwärtige Gestalt dieser Ordnung genannt sein:

die vom Mythologischen weitabliegende Ausgleichung der Sphären der Lebendigen und der Himmlischen (so nennt Hölderlin sie meist). Und es erhebt sich nach den Himmlischen, sogar nach Nennung des Gesanges, nochmals »der Fürsten | Chor nach Arten«. So daß hier, um die Mitte des Gedichts, Menschen, Himmlische und Fürsten, gleichsam abstürzend aus ihren alten Ordnungen, zu einander gereiht sind. Daß aber jene mythologische Ordnung nicht entscheidet, daß ein ganz andrer Kanon der Gestalten dieses Gedicht durchzieht, liegt am erleuchtetsten in der Dreiteilung, in der Fürsten noch einen Platz neben Himmlischen und Menschen behaupten. Diese neue Ordnung der dichterischen Gestalten – der Götter und der Lebendigen – beruht in der Bedeutung, die beide für das Schicksal des Dichters haben wie für die sinnliche Ordnung seiner Welt. Gerade deren eigentlicher Ursprung, wie Hölderlin ihn sah, kann sich erst am Ende als das Beruhende aller Beziehungen ergeben, und was früher sichtbar ist, ist nur die Verschiedenheit der Dimensionen dieser Welt und dieses Schicksals, die sie an Göttern und Lebendigen annehmen, und eben: das völlige Leben dieser einst so abgesonderten Gestaltenwelten im dichterischen Kosmos. Das Gesetz, das formal und allgemein die Bedingung für den Bau dieser dichterischen Welt zu sein schien, beginnt nun aber, fremd und gewaltig, sich zu entfalten. – Alle Gestalten gewinnen, im Zusammenhang des dichterischen Schicksals Identität, daß sie darin mit einander aufgehoben in einer Anschauung sind, und so selbstherrlich sie erscheinen, schließlich zurückfallen in die Gesetztheit des Gesanges. Die wachsende Bestimmtheit gesteigerter Gestalten wird in den Änderungen gegen die erste Fassung am eindringlichsten erkannt. Es wird sich die Konzentration der poetischen Kraft an jeder Stelle Raum schaffen und der strenge Vergleich noch am Grund noch der geringsten Abweichung als den einheitlichen erkennen lassen. Dabei muß sich denn über die innere Absicht, auch wo die erste Fassung nur schwächlich ihr folgte, das Wichtige ergeben. Das Leben im Gesange, im unwandel-

baren dichterischen Schicksal, das Gesetz der hölderlinschen Welt ist, verfolgen wir am Gestaltzusammenhang.
Es gehen in gewichtig sehr abgehobnen Ordnungen Götter und Sterbliche in entgegengesetztem Rhythmus durch das Gedicht. Im Fortgang und im Zurückgehen von der Mittelstrophe wird dies deutlich. Eine höchst geordnete, wenn schon verborgne Abfolge der Dimensionen wird vollzogen. Die Lebendigen sind, jeweils deutlich, in dieser Welt Hölderlins, die *Erstreckung* des Raumes, der gebreitete Plan, in dem (wie noch sichtbar werden wird) sich das Schicksal erstreckt. In Hoheit – oder an Orientalisches gemahnender Weitläufigkeit – setzt der Anruf ein »Sind denn nicht dir bekannt viele Lebendigen?« Welche Funktion hat der Eingangsvers der ersten Fassung? Die Verwandtschaft des Dichters mit allen Lebendigen war angerufen als Ursprung des Mutes. Und es blieb nichts, als ein Bekannt-Sein, ein Kennen der Vielen. Die Frage nach dem Ursprung dieser Bestimmtheit der Menge durch den Genius, dem sie »bekannt« ist, führt in die Zusammenhänge des Folgenden. Viel, sehr viel über den Kosmos Hölderlins ist in diesen folgenden Worten gesagt, die – wieder fremd wie aus östlicher Welt und doch wieviel ursprünglicher als die griechische Parze – dem Dichter Hoheit geben. »Geht auf Wahrem dein Fuß nicht, wie auf Teppichen?« Die Umwandlung des Gedichtanfanges in seiner Bedeutung für die Art des Mutes setzt sich fort. Die Anlehnung an die Mythologie weicht dem Zusammenhang des eigenen Mythos. Denn hier hieße es an der Oberfläche bleiben, wollte man nur die Umsetzung der mythologischen Anschauung in eine nüchterne des Gehens erkennen; oder nur erkennen, wie die Abhängigkeit in der Urfassung (»Nährt zum Dienste denn nicht selber die Parze dich?«) zu einer Setzung in der zweiten wird (»Geht auf Wahrem dein Fuß nicht...?«). – Analog war das »verwandt« der ersten Fassung zu einem »bekannt« gesteigert: eine Aktivität aus einem Abhängigkeitsverhältnis geworden. – Sondern entscheidend ist die Umsetzung dieser Aktivität selbst wiederum ins Mythische, aus dem die Ab-

hängigkeit im frühern Gedicht floß. Es gründet sich aber der mythische Charakter dieser Aktivität darin, daß sie selbst gemäß dem Schicksal verläuft, ja seinen Vollzug schon in sich begreift. Wie alle Aktivität des Dichters in schicksalgemäß bestimmte Ordnungen greift und so in diesen Ordnungen ewig aufgehoben ist und sie selber aufhebt, dafür zeugt die Existenz des Volkes, ihre Nähe zum Dichter. Sein Kennen der Lebendigen, ihr Dasein beruht auf der Ordnung, die im Sinne des Gedichtes die Wahrheit der Lage zu nennen ist. Die Möglichkeit des zweiten Verses mit der unerhörten Spannkraft seines Bildes, setzt die Wahrheit der Lage als Ordnungsbegriff der hölderlinschen Welt notwendig voraus. Die räumliche und geistige Ordnung erweisen sich verbunden durch eine Identität des Bestimmenden mit dem Bestimmten, die ihnen gemeinsam eignet. Diese Identität ist in beiden Ordnungen nicht die gleiche sondern die identische und durch sie durchdringen sie sich zur Identität miteinander. Denn entscheidend ist für das räumliche Prinzip: es erfüllt in der Anschauung die Identität des Bestimmenden mit dem Bestimmten. Die Lage ist für diese Einheit Ausdruck; der Raum ist zu fassen als Identität von Lage und Gelegnem. Allem Bestimmenden im Raum ist immanent dessen eigne Bestimmtheit. Jede Lage ist im Raum allein bestimmt und allein in ihm bestimmend. Wie nun im Bilde des Teppichs (da eine Ebene für ein geistiges System gesetzt ist) zu erinnern ist an seine Musterhaftigkeit, die geistige Willkür des Ornamentes im Gedanken zu sehen ist – und also das Ornament eine wahre Bestimmung der Lage ausmacht, sie absolut macht – so wohnt der beschreitbaren Ordnung der Wahrheit selbst die intensive Aktivität des Ganges als innere plastisch zeitliche Form ein. Beschreitbar ist dieser geistige Bezirk, welcher gleichsam den Schreitenden mit jedem Willkürschritte im Bereich des Wahren notwendig beläßt. Diese geistig-sinnlichen Ordnungen machen in ihrem Inbegriff die Lebendigen aus, in denen alle Elemente dichterischen Schicksals in einer innern und besondern Form gelagert sind. Die zeitliche Existenz in der unendlichen Erstreckung, die Wahrheit der Lage, bindet die Lebendigen an den Dichter. Im gleichen Sinne erweist sich die Verbundenheit der Elemente in der Beziehung von Volk und Dichter noch in der Endstrophe. »Gut auch sind und geschickt einem zu etwas wir«. Nach einem (vielleicht allgemeinen) Gesetz der Lyrik erreichen die Worte ihren anschaulichen Sinn im Gedicht, ohne den übertragnen daran zu geben. So durchdringen sich in dem Doppelsinn des Wortes »geschickt« zwei Ordnungen. Bestimmend und bestimmt erscheint der Dichter unter den Lebendigen. Wie in dem Partizipium »geschickt« eine zeitliche Bestimmung die räumliche Ordnung im Geschehen, die Eignung, vollendet, ist nochmals in der Zweckbestimmung: »einem zu etwas« diese Identität der Ordnungen wiederholt. Als müßte durch die Ordnung der Kunst die Belebung doppelt deutlich werden, ist alles andere ungewiß gelassen und die Vereinzelung innerhalb großer Erstreckung in dem »einem zu etwas« angedeutet. Nun ist erstaunlich, wie an dieser Stelle, da doch das Volk auf das höchste abstrakt bezeichnet ist, aus dem Innern dieser Zeile eine fast Neugestalt des konkretesten Lebens sich erhebt. Wie als innerstes Wesen des Sängers das Schickliche sich finden wird, als seine Grenze gegen das Dasein, so erscheint dies hier vor den Lebendigen als das Geschickte; daß die Identität entsteht, in einer Form: Bestimmendes und Bestimmtes, Mitte und Erstreckung. Die Aktivität des Dichters findet an den Lebendigen sich bestimmt, die Lebendigen aber bestimmen in ihrem konkreten Dasein – »einem zu etwas« – sich an dem Wesen des Dichters. Als Zeichen und Schrift der unendlichen Erstreckung seines Schicksals besteht das Volk. Dieses Schicksal selbst ist, wie später deutlich wird, der Gesang. Und so als Symbol des Gesanges hat das Volk den Kosmos Hölderlins zu erfüllen. Das gleiche erweist die Verwandlung, die aus »Dichtern des Volks« »Zungen des Volks« schuf. Vorbedingung dieser Dichtung ist, immer mehr die einem neutralen »Leben« entlehnten Gestalten in Glieder einer mythischen Ordnung zu verwandeln. Gleich stark sind in dieser

Wendung Volk und Dichter dieser Ordnung einbezogen. Besonders fühlbar wird in diesen Worten die Abkehr des Genius in seiner Herrschaft. Denn es ist der Dichter, mit ihm das Volk, aus dem er singt, ganz in den Kreis des Gesanges hineinversetzt, und eine flächenhafte Einheit des Volkes mit seinem Sänger (im dichterischen Schicksal) ist von neuem der Abschluß. Nun erscheint – dürfen wir es byzantinischen Mosaiken vergleichen? – entpersönlicht das Volk, wie in der Fläche gedrängt um die flache große Gestalt seines heiligen Dichters. Dies Volk ist ein andres, wesensbestimmteres als das der ersten Fassung; eine andere Lebensvorstellung entspricht ihm: »Drum, mein Genius, tritt nur | Bar ins Leben und sorge nicht!« Das »Leben« liegt hier außerhalb des dichterischen Daseins, es ist in der neuen Fassung nicht Voraussetzung, sondern Gegenstand einer mit mächtiger Freiheit vollzognen Bewegung: der Dichter *tritt ins* Leben, er wandelt nicht in ihm fort. Die Einordnung des Volkes in jene Lebensvorstellung der ersten Fassung ist zu einer Schicksalverbundenheit der Lebendigen mit dem Dichter geworden. »Was geschiehet, es sei alles gelegen dir!« Die frühere Fassung hat an dieser Stelle »gesegnet«. Es ist der gleiche Vorgang einer Verlagerung des Mythologischen, der überall die innere Form der Umarbeitung ausmacht. »Gesegnet« ist eine vom Transzendenten, herkömmlich Mythologischen abhängige Vorstellung, die nicht vom Zentrum des Gedichtes her (etwa dem Genius) verstanden ist. »Gelegen« greift völlig wieder ins Zentrum zurück, es bedeutet ein Verhältnis vom Genius selbst, in dem das rhetorische »sei« dieser Strophe aufgehoben wird durch die Gegenwart dieser »Gelegenheit«. Die räumliche Erstreckung ist von neuem gegeben und gleichen Sinnes wie vorher. Wieder geht es um die Gesetzlichkeit der guten Welt, in der die Lage zugleich das Gelegene durch den Dichter ist, wie ihm das Wahre beschreitbar sein muß. Hölderlin beginnt einmal ein Gedicht: »Sei froh! Du hast das gute Los erkoren«. Wo der Erkorne gemeint ist; dem besteht nur *das* Los und also das gute. Gegenstand dieser identischen Bezichung zwischen Dichter und Schicksal sind die Lebendigen. Die Bildung. »Sei zur Freude gereimt« legt die sinnliche Ordnung des Klanges zum Grunde. Und es ist im Reim auch hier die Identität zwischen Bestimmendem und Bestimmtem gegeben, wie etwa die Struktur der Einheit erscheint als halbe Doppelheit. Nicht substanziell sondern funktional ist die Identität als Gesetz gegeben. Nicht die Reimworte selbst sind genannt. Denn selbstverständlich bedeutet »zur Freude gereimt« *auf* Freude gereimt so wenig, »wie gelegen dir« das »du« selbst zu einem Gelagerten, Räumlichen macht. Wie das Gelegene als ein Verhältnis vom Genius erkannt wurde (nicht *zu* ihm), so ist der Reim eine Beziehung von der Freude (nicht *zu* ihr). Vielmehr hat jene Bilddissonanz, der in äußerstem Nachdruck eine lautliche anklingt, die Funktion, die innewohnende geistige Zeitordnung der Freude sinnbar, lautbar zu machen, in der Kette eines unendlich erstreckten Geschehens, das den unendlichen Möglichkeiten des Reimes entspricht. So rief die Dissonanz im Bilde des Wahren und des Teppichs die Beschreitbarkeit als einende Beziehung der Ordnungen hervor, wie die »Gelegenheit« die geistig-zeitliche Identität (die Wahrheit) der Lage bedeutete. Diese Dissonanzen heben in dichterischen Gefüge aller räumlichen Beziehung einwohnende zeitliche Identität und damit die absolut bestimmende Natur des geistigen Daseins innerhalb der identischen Erstreckung hervor. Träger dieser Beziehung sind vorwiegend deutlich die Lebendigen. Eine Bahn und schickliches Ziel muß gerade nach den Extremen der Bildhaftigkeit jetzt anders sichtbar sein, als nach dem idyllischen Weltfühlen, das in früherer Zeit diesen Versen voranging: »oder was könnte denn | Dich beleidigen, Herz, was | Da begegnen, wohin du sollst?« An dieser Stelle darf, die wachsende Gewalt, mit der die Strophe sich dem Ende zuführt, wahrzunehmen, die Interpunktion beider Entwürfe verglichen werden. Wie in der folgenden Strophe Sterbliche mit gleicher Bedeutung wie Himmlische dem Gesang genähert werden, ist nun erst ganz begreiflich, da sie sich erfüllt vom dichterischen Schicksal fanden. Seiner Eindringlichkeit nach verstanden zu werden, muß dies alles verglichen sein mit dem Grade von Gestalt, den in der ursprünglichen Fassung Hölderlin dem Volke verlieh. Da es erfreut wurde vom Gesang, verwandt dem Dichter war und von Dichtern des Volks gesprochen werden durfte. Allein hierin dürfte die strengere Gewalt eines Weltbildes schon vermutet werden, das die früher schon nur von fern erstrebte schicksalhafte Bedeutung des Volkes gefunden hat, in einer Anschauung, die es zur sinnlich-geistigen Funktion des dichterischen Lebens macht.

Neue Bestimmtheit gewinnen diese Verhältnisse, die besonders in Hinsicht der Funktion der Zeit noch dunkel geblieben sind, indem ihre eigentümliche Umwandlung an der Gestalt der Götter verfolgt wird. Durch die innere Gestalt, die in dem neuen Weltbau ihnen eignet, wird das Wesen des Volkes – als durch seinen Gegensatz – genauer ermittelt. So wenig die erste Fassung eine Bedeutung der Lebendigen kennt, deren innere Form ihr Dasein als einbezogen in das dichterische Schicksal, bestimmt und bestimmend, wahr im Raum, ist – so wenig ist in ihr eine besondere Ordnung der Götter erkennbar. Es geht aber durch die neue Fassung eine Bewegung in plastisch- intensiver Richtung, und diese lebt in den Göttern am stärksten. (Neben der Richtung, die, im Volke dargestellt, die räumliche Richtung auf das unendliche Geschehen hat.) Es sind die Götter zu höchst besondern und bestimmten Gestalten geworden, an denen das Gesetz der Identität völlig neu gefaßt ist. Die Identität der göttlichen Welt und ihre Beziehung zum Schicksal des Sängers ist verschieden von der Identität in der Ordnung der Lebendigen. Dort war ein Geschehen in seiner Bestimmtheit durch und für den Dichter als aus ein und derselben Quelle fließend erkannt. Der Dichter erlebte das Wahre. So war das Volk ihm bekannt. In der göttlichen Ordnung aber liegt, wie sich zeigen wird, eine besondere innere Identität der Gestalt vor. Diese Identität fand man angedeutet schon im Bilde des Raumes und etwa in der

Bestimmung der Fläche durch das Ornament. Aber zum Beherrschenden einer Ordnung geworden führt sie eine Versachlichung des Lebendigen herauf. Es entsteht eine eigentümliche Verdopplung der Gestalt (die sie mit räumlichen Bestimmungen verbindet) indem eine jede in sich nochmals ihre Konzentration vorfindet, eine rein immanente Plastik als Ausdruck ihres Daseins in der Zeit in sich trägt. In dieser Richtung der Konzentration streben die Dinge zum Dasein als reine Idee und bestimmen das Schicksal des Dichters *in* der reinen Welt der Gestalten. Die Plastik der Gestalt wird als das Geistige erwiesen. So ist der »denkende Tag« aus dem »fröhlichen« geworden. Der Tag ist durch ein Beiwort nicht in seiner Eigenschaft gekennzeichnet, sondern es wird ihm die Gabe beigelegt, welche gerade die Bedingung der geistigen Identität des Wesens ist: das Denken. Es erscheint nun der Tag in dieser neuen Fassung auf das höchste gestaltet, ruhend, mit sich selbst einstimmend im Bewußtsein, als eine Gestalt von innerer Plastik des Daseins, der die Identität des Geschehens in der Ordnung der Lebendigen entspricht. Von den Göttern her erscheint der Tag als gestalteter Inbegriff der Zeit. Von dem gewinnt es nun als gleichsam einem Beharrenden einen viel tieferen Sinn, daß der Gott ihn gönnt. Diese Vorstellung, der Tag sei gegönnt, ist sehr streng zu trennen von einer hergebrachten Mythologie, die den Tag schenken läßt. Denn hier ist schon, was mit bedeutenderer Gewalt sich später zeigt, angedeutet: daß die Idee zur Versachlichung der Gestalt führt und daß die Götter ganz ihrer eignen Plastik anheimgegeben sind, den Tag nur gönnen oder mißgönnen können, da an Gestalt der Idee sie am nächsten sind. Wieder darf hier auf die Steigerung der Absicht im rein Lautlichen: durch Alliteration hingedeutet werden. Die bedeutende Schönheit, mit der hier der Tag zum plastischen und eben zugleich kontemplativen Prinzip erhoben wird, findet im Anfang des »Chiron« sich gesteigert wieder: »Wo bist du, Nachdenkliches! das immer muß | Zur Seite gehn zu Zeiten, wo bist du, Licht?« Die gleiche Anschauung hat den zweiten Vers der fünften Strophe sehr innerlich verwandelt und auf das höchste verfeinert gegen die entsprechende Stelle der früheren Fassung. Ganz im Gegensatz zur »flüchtigen Zeit«, zu den »Vergänglichen« ist in der Neufassung dieser Zeile das Beharrende, die Dauer in der Gestalt der Zeit und der Menschen entwickelt worden. Die »Wende der Zeit« erfaßt offenbar noch den Augenblick der Beharrung, gerade das Moment innerer Plastik in der Zeit. Und daß dieses Moment innrer zeitlicher Plastik zentral ist, dies kann wie die zentrale Bedeutung der andern bisher erwiesenen Erscheinungen erst später ganz deutlich werden. Den gleichen Ausdruck hat das folgende »uns die Entschlafenden«. Wieder ist der Ausdruck tiefster Identität der Gestalt (im Schlafe) gegeben. Es ist schon hier an das heraklitische Wort zu erinnern: Im Wachen sehen wir zwar den Tod, im Schlafe aber den Schlaf. Um diese plastische Struktur des Gedankens in seiner Intensität handelt es sich, wie hierfür das kontemplativ erfüllte Bewußtsein den letzten Grund bildet. Die gleiche Identitätsbeziehung, die hier im intensiven Sinne zur zeitlichen Plastik der Gestalt führt, muß im extensiven Sinne zu einer unendlichen Gestaltform führen, zu einer gleichsam eingesargten Plastik, in der die Gestalt mit dem Gestaltlosen identisch wird. Die Versachlichung der Gestalt in der Idee bedeutet zugleich: ihr immer unbegrenzteres und unendliches Umsichgreifen, die Vereinigung der Gestalten in der Gestalt schlechthin, zu der die Götter werden. Es ist durch sie der Gegenstand gegeben, an dem das dichterische Schicksal sich begrenzt. Die Götter bedeuten dem Dichter die unermeßliche Gestaltung seines Schicksals, wie die Lebendigen noch die weiteste Erstreckung des Geschehens als im Bereiche dichterischen Schicksals verbürgen. Diese Bestimmung des Schicksals durch Gestaltung macht die Gegenständlichkeit des dichterischen Kosmos aus. Zugleich aber bedeutet sie die reine Welt zeitlicher Plastik im Bewußtsein; die Idee wird in ihr herrschend; wo vordem das Wahre der Aktivität des Dichters einbeschlossen war, tritt es nun beherrschend in sinnlicher Erfülltheit auf. In der Formung dieses Weltbildes wird immer strenger jede Anlehnung an konventionelle Mythologie getilgt. Für das entlegnere »Ahne« tritt der »Vater« ein, der Sonnengott ist in einen Gott des Himmels verwandelt. Die plastische, ja architektonische Bedeutung des Himmels ist unendlich viel größer als die der Sonne. Zugleich aber ist hier deutlich, wie fortschreitend den Unterschied zwischen Gestalt und Gestaltlosem der Dichter aufhebt; und der Himmel bedeutet so sehr eine Ausdehnung, als auch zugleich eine Verringerung der Gestalt, im Vergleich mit der Sonne. Die Gewalt dieses Zusammenhanges erhellt das folgende »Aufgerichtet an goldnen | Gängelbanden, wie Kinder, hält.« Wieder muß die Starrheit und Unzugänglichkeit des Bildes an orientalisches Sehen gemahnen. Indem mitten im ungestalteten Raume die plastische Verbindung mit dem Gott gegeben ist – ihrer Intensität nach durch die Farbe betont, die einzige, die die neue Fassung enthält – wirkt diese Zeile auf das seltsamste fremd und fast ertötend. Das architektonische Element ist so stark, daß es der Beziehung, die im Bilde des Himmels gegeben war, entspricht. Die Gestalten der dichterischen Welt sind unendlich und doch begrenzend zugleich; es muß dem inneren Gesetz zufolge die Gestalt eben so sehr im Dasein des Gesanges aufgehoben sein und in ihn eingehen, wie die bewegten Kräfte der Lebendigen. Auch der Gott muß am Ende dem Gesange zum Besten dienen und sein Gesetz vollstrecken, wie das Volk Zeichen seiner Erstreckung sein mußte. Dies erfüllt sich am Ende: »und von den Himmlischen | Einen bringen.« Die Gestaltung, das innerlich plastische Prinzip, ist so gesteigert, daß das Verhängnis der toten Form über den Gott hereingebrochen ist, daß – um im Bilde zu sprechen – die Plastik von innen nach außen umschlug und nun völlig der Gott zum Gegenstande wurde. Die zeitliche Form ist von innen nach außen gebrochen als Bewegtes. Der Himmlische *wird gebracht.* Hier liegt ein höchster Ausdruck von Identität vor: der griechische Gott ist seinem eignen Prinzip, der Gestalt, ganz anheimgefallen. Der höchste Frevel ist gedeutet: ὕβρις, die ganz nur dem Gott erreichbar, bildet zur toten Gestalt ihn um. Sich selbst Gestalt geben, das heißt ὕβρις. Der Gott hört auf, den Kosmos des Gesanges zu bestimmen, dessen Wesen vielmehr – mit Kunst – erwählt sich frei das Gegenständliche: er bringt den Gott, da Götter schon zum versachlichten Sein der Welt im Gedanken geworden sind. Es ist schon hier die bewundrungswürdige Fügung der letzten Strophe zu erkennen, in der das immanente Ziel aller Gestaltung dieses Gedichts sich zusammenfaßt. Die räumliche Erstreckung der Lebendigen bestimmt sich in dem zeitlich innerlichen Eingreifen des Dichters: so erklärte sich das Wort »geschickt«; in der gleichen Vereinzelung, in der das Volk zu einer Reihe von Funktionen des Schicksals geworden ist. »Gut auch sind und geschickt einem zu etwas wir« – ist der Gott Gegenstand in seiner toten Unendlichkeit geworden, der Dichter ergreift ihn. Die Ordnung von Volk und Gott als aufgelöst in Einheiten wird hier zur Einheit im dichterischen Schicksal. Es ist die vielfache Identität, in der Volk und Gott wie die Bedingungen sinnlichen Daseins aufgehoben sind, offenbar. Einem andern gebührt die Mitte dieser Welt.

Die Durchdringung der einzelnen Anschauungsformen untereinander und ihre Verbundenheit in und mit dem Geistigen, als Idee, Schicksal u. s. f. ist im einzelnen weit genug verfolgt. Nicht um die Ermittlung der letzten Elemente kann es sich am Ende handeln, denn das letzte Gesetz dieser Welt ist eben die Verbundenheit: als Einheit der Funktion von Verbindendem und Verbundenem. Aber ein besonders zentraler Ort dieser Verbundenheit muß noch aufgewiesen werden, in dem die Grenze des Gedichteten gegen das Leben am weitesten vorgeschoben ist, an dem die Energie der innern Form sich um so mächtiger erweist, je flutender und formloser das bedeutete Leben ist. An diesem Orte wird die Einheit des Gedichteten sichtbar, am weitesten werden die Verbundenheiten überschaut und die Abwandlung beider Gedichtfassungen, die Vertiefung der ersten in der letzten erkannt. – Von einer Einheit des Gedichteten in der ersten Fassung darf nicht gesprochen werden. Der Ablauf wird von der ausführlichen Analogie des Dichters mit dem Sonnengott unterbrochen, danach aber kehrt er nicht wieder mit ganzer Intensität zu dem Dichter zurück. Es liegt in dieser Fassung, in ihrer ausführlichen Sondergestaltung des Sterbens, auch ihrem Titel nach, noch ein Spannung zwischen zwei Welten – der des Dichters und jener »Wirklichkeit«, in der der Tod droht, die hier nur eingekleidet als Göttlichkeit erscheint. Später ist die Zweiheit der Welten verschwunden, mit dem Sterben ist die Eigenschaft des Mutes dahingefallen, im Ablauf ist nichts als das Dasein des Dichters gegeben. Die Frage, worauf die Vergleichbarkeit dieser in allem einzelnen wie im Ablauf so völlig unterschiednen Entwürfe beruht, ist also dringend. Wiederum kann nicht die Gleichheit eines Elementes, sondern nur die Verbundenheit in einer Funktion die Vergleichbarkeit der Gedichte erweisen. Diese Funktion liegt in dem einzig aufweisbaren Funktionsinbegriff, dem Gedichteten. Das Gedichtete beider Fassungen – nicht in seiner Gleichheit, denn keine besteht, sondern in seiner »Vergleichheit« – soll verglichen werden. Beide Gedichte sind in ihrem Gedichteten verbunden und zwar in einem Verhalten zur Welt. Dieses ist der Mut, der, je tiefer er verstanden ist, desto weniger eine Eigenschaft, sondern eine Beziehung von Mensch zu Welt und von Welt zu Mensch wird. Das Gedichtete der ersten Fassung kennt den Mut nur erst als Eigenschaft. Mensch und Tod stehen sich gegenüber, beide starr, keine anschauliche Welt ist ihnen gemeinsam. Zwar im Dichter, in seinem göttlich-natürlichen Dasein, war versucht, schon eine tiefe Beziehung zum Tode zu finden; doch nur mittelbar durch die Vermittelung des Gottes, dem der Tod – mythologisch – eigen war und dem der Dichter – mythologisch wiederum – angenähert wurde. Es war das Leben noch Vorbedingung des Todes, die Gestalt entsprang der Natur. Die entschlossene Formung von Anschauung und Gestalt aus einem geistigen Prinzip war vermieden, so blieben sie ohne Durchdringung. Die Gefahr des Todes war in diesem Gedichte überwunden durch Schönheit.

Während der spätern Fassung alle Schönheit herfließt aus Überwindung der Gefahr. Früher endete Hölderlin mit der Auflösung der Gestalt, während der reine Grund der Gestaltung am Ende der neuen Fassung erscheint. Und diese ist nun aus einem geistigen Grunde gewonnen. Die Zweiheit: Mensch und Tod konnte so nur in einem läßlichen Lebensgefühl beruhen. Sie blieb nicht bestehen, da das Gedichtete sich zu tieferer Verbundenheit zusammenschloß und ein geistiges Prinzip – der Mut – von sich aus das Leben gestaltete. Mut ist Hingabe an die Gefahr, welche die Welt bedroht. In ihm liegt eine besondere Paradoxie verborgen, von der aus erst das Gefüge des Gedichteten der beiden Fassungen ganz verstanden wird: dem Mutigen besteht die Gefahr und dennoch achtet er sie nicht. Denn er wäre feige, würde er sie achten; und bestünde sie ihm nicht – er wäre nicht mutig. Dieses seltsame Verhältnis löst sich, indem dem Mutigen selbst die Gefahr nicht droht, jedoch der Welt. Mut ist das Lebensgefühl des Menschen, der sich der Gefahr preisgibt, dadurch sie in seinem Tode zur Gefahr der Welt erweitert und überwindet zugleich. Die Größe der Gefahr entspringt im Mutigen – erst indem sie ihn trifft, in seiner ganzen Hingabe an sie, trifft sie die Welt. In seinem Tode aber ist sie überwunden, hat die Welt erreicht, der sie nicht mehr droht; in ihm ist Freiwerden und Stabilisierung zugleich der ungeheuren Kräfte – die täglich als begrenzte Dinge den Leib umgeben. Im Tode sind schon diese Kräfte umgesprungen, die dem Mutigen drohten als Gefahr, sind in ihm beruhigt. (Dies ist die Versachlichung der Kräfte, die schon das Wesen der Götter dem Dichter näherte.) Die Welt des toten Helden ist eine neue mythische, mit Gefahr gesättigt: dies eben ist die Welt der zweiten Gedichtfassung. In ihr durchaus ist ein geistiges Prinzip herrschend geworden: die Einswerdung des heldischen Dichters mit der Welt. Der Dichter hat den Tod nicht zu fürchten, er ist Held, weil er die Mitte aller Beziehungen lebt. Das Prinzip des Gedichteten überhaupt ist die Alleinherrschaft der Beziehung. In diesem besondern Gedicht als Mut gestaltet: als innerste

Identität des Dichters mit der Welt, deren Ausfluß alle Identitäten des Anschaulichen und Geistigen dieser Dichtung sind. Das ist der Grund, in dem immer wieder die gesonderte Gestalt sich aufhebt in der raumzeitlichen Ordnung, in der sie als gestaltlos, allgestalt, Vorgang und Dasein, zeitliche Plastik und räumliches Geschehen aufgehoben ist. Vereint sind im Tode, der seine Welt ist, alle erkannten Beziehungen. In ihm ist höchste unendliche Gestalt und Gestaltlosigkeit, zeitliche Plastik und räumliches Dasein, Idee und Sinnlichkeit. Und jede Funktion des Lebens in dieser Welt ist Schicksal, während in der ersten Fassung herkömmlich das Schicksal das Leben bestimmte. Das ist das orientalische, mystische, die Grenzen überwindende Prinzip, das in diesem Gedicht so offenbar immer wieder das griechische gestaltende Prinzip aufhebt, das einen geistigen Kosmos schafft aus reinen Beziehungen der Anschauung, des sinnlichen Daseins, in dem das Geistige nur Ausdruck der Funktion ist, die zur Identität strebt. Die Umwandlung der Zweiheit von Tod und Dichter in die Einheit einer toten dichterischen Welt, »mit Gefahr gesättigt«, ist die Beziehung, in der das Gedichtete der beiden Gedichte steht. An dieser Stelle erst ist nun die Betrachtung der dritten, mittleren Strophe möglich geworden. Offenbar ist, daß der Tod in der Gestalt der »Einkehr« in die Mitte der Dichtung versetzt wurde, daß in dieser Mitte der Ursprung des Gesanges ist, als des Inbegriffs aller Funktionen, daß hier die Ideen der »Kunst«, des »Wahren« entspringen als Ausdruck der beruhenden Einheit. Was über die Aufhebung der Ordnung von Sterblichen und Himmlischen gesagt war, erscheint in diesem Zusammenhang völlig gesichert. Zu vermuten ist, daß die Worte »ein einsam Wild« die Menschen bezeichnen und dies stimmt sehr wohl zu dem Titel dieses Gedichtes. »Blödigkeit« – ist nun die eigentliche Haltung des Dichters geworden. In die Mitte des Lebens versetzt, bleibt ihm nichts, als das reglose Dasein, die völlige Passivität, die das Wesen des Mutigen ist; als sich ganz hinzugeben der Beziehung. Sie geht von ihm aus und auf ihn zurück. So ergreift der Gesang die Lebendigen und so sind sie ihm bekannt – nicht mehr verwandt. Dichter und Gesang sind im Kosmos des Gedichts nicht unterschieden. Er ist nichts als Grenze gegen das Leben, die Indifferenz, umgeben von den ungeheuren sinnlichen Mächten und der Idee, die in sich sein Gesetz bewahren. Wie sehr er die unberührbare Mitte aller Beziehung bedeutet, enthalten die beiden letzten Verse am mächtigsten. Die Himmlischen sind zu Zeichen des unendlichen Lebens geworden, das aber gegen ihn begrenzt ist: »und von den Himmlischen | Einen bringen. Doch selber | Bringen schickliche Hände wir.« So ist der Dichter nicht mehr als Gestalt gesehen, sondern allein noch als Prinzip der Gestalt, Begrenzendes, auch seinen eignen Körper noch Tragendes. Er bringt seine Hände – und die Himmlischen. Die eindringliche Zäsur dieser Stelle ergibt den Abstand, den der Dichter vor aller Gestalt und der Welt haben soll, als ihre Einheit. Der Aufbau des Gedichts ist ein Beweis der Einsicht dieser Schillerschen Worte: »Darin ... besteht das eigentliche Kunstgeheimnis des Meisters, daß er den Stoff durch die Form vertilgt ... Das Gemüt des Zuschauers und Zuhörers muß völlig frei und unverletzt bleiben, es muß aus dem Zauberkreise des Künstlers rein und vollkommen wie aus den Händen des Schöpfers gehn.«

Absichtlich war im Laufe der Untersuchung das Wort »Nüchternheit« vermieden worden, das so oft zur Charakteristik nahe gelegen hätte. Denn erst jetzt sollen Hölderlins Worte von dem »heilig nüchternen« genannt sein, deren Verständnis nun bestimmt ist. Man hat bemerkt, daß diese Worte die Tendenz seiner späten Schöpfungen enthalten. Sie entspringen der innigen Sicherheit, mit der diese im eignen geistigen Leben stehen, in dem nun die Nüchternheit erlaubt, geboten, ist, weil es in sich heilig ist, jenseits aller Erhebung im Erhabnen steht. Ist dieses Leben noch das des Griechentums? So wenig ist es das, wie das Leben eines reinen Kunstwerks überhaupt das eines Volkes sein kann, so wenig wie es das eines Individuums ist und keines als sein eignes, das wir

im Gedichteten finden. Dies Leben ist in Formen des griechischen Mythos gebildet, aber – das ist entscheidend – nicht in ihnen allein; gerade das griechische Element ist in der letzten Fassung aufgehoben und ausgeglichen gegen ein andres, das (zwar ohne ausdrückliche Rechtfertigung) das orientalische genannt war. Fast alle Änderungen der spätern Fassung streben in dieser Richtung, in den Bildern wie auch in der Einführung der Ideen und endlich einer neuen Bedeutung des Todes, die alle gegen die in sich ruhende geformt begrenzte Erscheinung sich als unbegrenzte erheben. Daß hierin, vielleicht nicht nur für die Erkenntnis Hölderlins, eine entscheidende Frage sich verbirgt, kann in diesem Zusammenhang nicht erwiesen werden. Die Betrachtung des Gedichteten aber führt nicht auf den Mythos, sondern – in den größten Schöpfungen – nur auf die mythischen Verbundenheiten, die im Kunstwerk zu einziger unmythologischer und unmythischer, uns näher nicht begreiflicher Gestalt geformt sind.
Aber gäbe es ein Wort, das Verhältnis jenes innern Lebens, aus dem das letzte Gedicht entsprang, zum Mythos zu erfassen, so wäre es jenes Hölderlinsche – einer noch spätern Zeit als dies Gedicht angehörig – »Die Sagen, die der Erde sich entfernen, | . . . | Sie kehren zu der Menschheit sich.«

Über Sprache überhaupt und über die Sprache des Menschen

Jede Äußerung menschlichen Geisteslebens kann als eine Art der Sprache aufgefaßt werden, und diese Auffassung erschließt nach Art einer wahrhaften Methode überall neue Fragestellungen. Man kann von einer Sprache der Musik und der Plastik reden, von einer Sprache der Justiz, die nichts mit denjenigen, in denen deutsche oder englische Rechtssprüche abgefaßt sind, unmittelbar zu tun hat, von einer Sprache der Technik, die nicht die Fachsprache der Techniker ist. Sprache bedeutet in solchem Zusammenhang das auf Mitteilung geistiger Inhalte gerichtete Prinzip in den betreffenden Gegenständen: in Technik, Kunst, Justiz oder Religion. Mit einem Wort: jede Mitteilung geistiger Inhalte ist Sprache, wobei die Mitteilung durch das Wort nur ein besonderer Fall, der der menschlichen, und der ihr zugrunde liegenden oder auf ihr fundierten (Justiz, Poesie), ist. Das Dasein der Sprache erstreckt sich aber nicht nur über alle Gebiete menschlicher Geistesäußerung, der in irgendeinem Sinn immer Sprache innewohnt, sondern es erstreckt sich auf schlechthin alles. Es gibt kein Geschehen oder Ding weder in der belebten noch in der unbelebten Natur, das nicht in gewisser Weise an der Sprache teilhätte, denn es ist jedem wesentlich, seinen geistigen Inhalt mitzuteilen. Eine Metapher aber ist das Wort »Sprache« in solchem Gebrauche durchaus nicht. Denn es ist eine volle inhaltliche Erkenntnis, daß wir uns nichts vorstellen können, das sein geistiges Wesen nicht im Ausdruck mitteilt; der größere oder geringere Bewußtseinsgrad, mit dem solche Mitteilung scheinbar (oder wirklich) verbunden ist, kann daran nichts ändern, daß wir uns völlige Abwesenheit der Sprache in nichts vorstellen können. Ein Dasein, welches ganz ohne Beziehung zur Sprache wäre, ist eine Idee; aber diese Idee läßt sich auch im Bezirk der Ideen, deren Umkreis diejenige Gottes bezeichnet, nicht fruchtbar machen.

Nur soviel ist richtig, daß in dieser Terminologie jeder Ausdruck, sofern er eine Mitteilung geistiger Inhalte ist, der Sprache beigezählt wird. Und allerdings ist der Ausdruck seinem ganzen und innersten Wesen nach nur als *Sprache* zu verstehen; andererseits muß man, um ein sprachliches Wesen zu verstehen, immer fragen, für welches geistige Wesen es denn der unmittelbare Ausdruck sei. Das heißt: die deutsche Sprache z. B. ist keineswegs der Ausdruck für alles, was wir *durch* sie – vermeintlich – ausdrücken können, sondern sie ist der unmittelbare Ausdruck dessen, was *sich* in ihr mitteilt. Dieses »Sich« ist ein geistiges Wesen. Damit ist es zunächst selbstverständlich, daß das geistige Wesen, das sich in der Sprache mitteilt, nicht die Sprache selbst, sondern etwas von ihr zu Unterscheidendes ist. Die Ansicht, daß das geistige Wesen eines Dinges eben in seiner Sprache besteht – diese Ansicht als Hypothesis verstanden, ist der große Abgrund, dem alle Sprachtheorie zu verfallen droht[1], und über, gerade über ihm sich schwebend zu erhalten ist ihre Aufgabe. Die Unterscheidung zwischen dem geistigen Wesen und dem sprachlichen, in dem es mitteilt, ist die ursprünglichste in einer sprachtheoretischen Untersuchung, und es scheint dieser Unterschied so unzweifelhaft zu sein, daß vielmehr die oft behauptete Identität zwischen dem geistigen und sprachlichen Wesen eine tiefe und unbegreifliche Paradoxie bildet, deren Ausdruck man in dem Doppelsinn des Wortes Λόγος gefunden hat. Dennoch hat diese Paradoxie als Lösung ihre Stelle im Zentrum der Sprachtheorie, bleibt aber Paradoxie und da unlösbar, wo sie am Anfang steht.

Was teilt die Sprache mit? Sie teilt das ihr entsprechende geistige Wesen mit. Es ist fundamental zu wissen, daß dieses geistige Wesen sich *in* der Sprache mitteilt und nicht *durch* die Sprache. Es gibt also keinen Sprecher der Sprachen, wenn

Oder ist es vielmehr die Versuchung, die Hypothesis an den Anfang zu setzen, die den Abgrund allen Philosophierens macht?

man damit den meint, der *durch* diese Sprachen sich mitteilt. Das geistige Wesen teilt sich in einer Sprache und nicht durch eine Sprache mit – das heißt: es ist nicht von außen gleich dem sprachlichen Wesen. Das geistige Wesen ist mit dem sprachlichen identisch, nur *sofern* es mitteil*bar* ist. Was an einem geistigen Wesen mitteilbar ist, das ist sein sprachliches Wesen. Die Sprache teilt also das jeweilige sprachliche Wesen der Dinge mit, ihr geistiges aber nur, sofern es unmittelbar im sprachlichen beschlossen liegt, sofern es mitteil*bar* ist.

Die Sprache teilt das sprachliche Wesen der Dinge mit. Dessen klarste Erscheinung ist aber die Sprache selbst. Die Antwort auf die Frage: *was* teilt die Sprache mit? lautet also: *Jede Sprache teilt sich selbst mit.* Die Sprache dieser Lampe z. B. teilt nicht die Lampe mit (denn das geistige Wesen der Lampe, sofern es *mitteilbar* ist, ist durchaus nicht die Lampe selbst), sondern: die Sprach-Lampe, die Lampe in der Mitteilung, die Lampe im Ausdruck. Denn in der Sprache verhält es sich so: *Das sprachliche Wesen der Dinge ist ihre Sprache.* Das Verständnis der Sprachtheorie hängt davon ab, diesen Satz zu einer Klarheit zu bringen, die auch jeden Schein einer Tautologie in ihm vernichtet. Dieser Satz ist untautologisch, denn er bedeutet: das, was an einem geistigen Wesen mitteilbar ist, *ist* seine Sprache. Auf diesem »ist« (gleich »ist unmittelbar«) beruht alles. – Nicht, was an einem geistigen Wesen mitteilbar ist, *erscheint* am klarsten in seiner Sprache, wie noch eben im Übergange gesagt wurde, sondern dieses Mitteil*bare* ist unmittelbar die Sprache selbst. Oder: die Sprache eines geistigen Wesens ist unmittelbar dasjenige, was an ihm mitteilbar ist. Was *an* einem geistigen Wesen mitteilbar ist, *in* dem teilt es sich mit; das heißt: jede Sprache teilt sich selbst mit. Oder genauer: jede Sprache teilt sich *in* sich selbst mit, sie ist im reinsten Sinne das »Medium« der Mitteilung. Das Mediale, das ist die *Unmittel*barkeit aller geistigen Mitteilung, ist das Grundproblem der Sprachtheorie, und wenn man diese Unmittelbarkeit magisch nennen will, so ist das Urproblem der Sprache ihre Magie. Zugleich deutet das Wort von der Magie der Sprache auf ein anderes: auf ihre Unendlichkeit. Sie ist durch die Unmittelbarkeit bedingt. Denn gerade, weil *durch* die Sprache sich nichts mitteilt, kann, was *in* der Sprache sich mitteilt, nicht von außen beschränkt oder gemessen werden, und darum wohnt jeder Sprache ihre inkommensurable einziggeartete Unendlichkeit inne. Ihr sprachliches Wesen, nicht ihre verbalen Inhalte bezeichnen ihre Grenze.

Das sprachliche Wesen der Dinge ist ihre Sprache; dieser Satz auf den Menschen angewandt besagt: Das sprachliche Wesen des Menschen ist seine Sprache. Das heißt: Der Mensch teilt sein eignes geistiges Wesen *in* seiner Sprache mit. Die Sprache des Menschen spricht aber in Worten. Der Mensch teilt also sein eignes geistiges Wesen (sofern es mitteilbar ist) mit, indem er alle anderen Dinge *benennt*. Kennen wir aber noch andere Sprachen, welche die Dinge benennen? Man wende nicht ein, wir kennten keine Sprache außer der des Menschen, das ist unwahr. Nur keine *benennende* Sprache kennen wir außer der menschlichen; mit einer Identifizierung von benennender Sprache mit Sprache überhaupt beraubt sich die Sprachtheorie der tiefsten Einsichten. – *Das sprachliche Wesen des Menschen ist also, daß er die Dinge benennt.*

Wozu benennt? Wem teilt der Mensch sich mit? – Aber ist diese Frage beim Menschen eine andere als bei anderen Mitteilungen (Sprachen)? Wem teilt die Lampe sich mit? Das Gebirge? Der Fuchs? – Hier aber lautet die Antwort: dem Menschen. Das ist kein Anthropomorphismus. Die Wahrheit dieser Antwort erweist sich in der Erkenntnis und vielleicht auch in der Kunst. Zudem: wenn Lampe und Gebirge und der Fuchs sich dem Menschen nicht mitteilen würden, wie sollte er sie dann benennen? Aber er benennt sie; *er* teilt sich mit, indem er *sie* benennt. Wem teilt er sich mit?

Ehe diese Frage zu beantworten ist, gilt es noch einmal zu prüfen: Wie teilt der Mensch sich mit? Es ist ein tiefer Unterschied zu machen, eine Alternative zu stellen, vor der mit Sicherheit die wesentlich falsche Meinung von der Sprache sich verrät. Teilt der Mensch sein geistiges Wesen *durch* die

Namen mit, die er den Dingen gibt? Oder *in* ihnen? In der Paradoxie dieser Fragestellung liegt ihre Beantwortung. Wer da glaubt, der Mensch teile sein geistiges Wesen *durch* die Namen mit, der kann wiederum nicht annehmen, daß es sein geistiges Wesen sei, das er mitteile, – denn das geschieht nicht durch Namen von Dingen, also durch Worte, durch die er ein Ding bezeichnet. Und er kann wiederum nur annehmen, er teile eine Sache anderen Menschen mit, denn das geschieht durch das Wort, durch das ich ein Ding bezeichne. Diese Ansicht ist die bürgerliche Auffassung der Sprache, deren Unhaltbarkeit und Leere sich mit steigender Deutlichkeit im folgenden ergeben soll. Sie besagt: Das Mittel der Mitteilung ist das Wort, ihr Gegenstand die Sache, ihr Adressat ein Mensch. Dagegen kennt die andere kein Mittel, keinen Gegenstand und keinen Adressaten der Mitteilung. Sie besagt: *im Namen teilt das geistige Wesen des Menschen sich Gott mit.*

Der Name hat im Bereich der Sprache einzig diesen Sinn und diese unvergleichlich hohe Bedeutung: daß er das innerste Wesen der Sprache selbst ist. Der Name ist dasjenige, *durch* das sich nichts mehr, und *in* dem die Sprache selbst und absolut sich mitteilt. Im Namen ist das geistige Wesen, das sich mitteilt, *die* Sprache. Wo das geistige Wesen in seiner Mitteilung die Sprache selbst in ihrer absoluten Ganzheit ist, da allein gibt es den Namen, und da gibt es den Namen allein. Der Name als Erbteil der Menschensprache verbürgt also, *daß die Sprache schlechthin* das geistige Wesen des Menschen ist; und nur darum ist das geistige Wesen des Menschen allein unter allen Geisteswesen restlos mitteilbar. Das begründet den Unterschied der Menschensprache von der Sprache der Dinge. Weil das geistige Wesen des Menschen aber die Sprache selbst ist, darum kann er sich nicht durch sie, sondern nur in ihr mitteilen. Der Inbegriff dieser intensiven Totalität der Sprache als des geistigen Wesens des Menschen ist der Name. Der Mensch ist der Nennende, daran erkennen wir, daß aus ihm die reine Sprache spricht. Alle Natur, sofern sie sich mitteilt, teilt sich in der Sprache mit, also letzten Endes im Menschen. Darum ist er der Herr der Natur und kann die Dinge benennen. Nur durch das sprachliche Wesen der Dinge gelangt er aus sich selbst zu deren Erkenntnis – im Namen. Gottes Schöpfung vollendet sich, indem die Dinge ihren Namen vom Menschen erhalten, aus dem im Namen die Sprache allein spricht. Man kann den Namen als die Sprache der Sprache bezeichnen (wenn der Genetiv nicht das Verhältnis des Mittels, sondern des Mediums bezeichnet) und in diesem Sinne ist allerdings, weil er im Namen spricht, der Mensch der Sprecher der Sprache, eben darum auch ihr einziger. In der Bezeichnung des Menschen als des Sprechenden (das ist aber z. B. nach der Bibel offenbar der Namen-Gebende: »wie der Mensch allerlei lebendige Tiere nennen würde, so sollten sie *heißen*«) schließen viele Sprachen diese metaphysische Erkenntnis ein.

Der Name ist aber nicht allein der letzte Ausruf, er ist auch der eigentliche Anruf der Sprache. Damit erscheint im Namen das Wesensgesetz der Sprache, nach dem sich selbst aussprechen und alles andere ansprechen dasselbe ist. Die Sprache – und in ihr ein geistiges Wesen – spricht sich nur da rein aus, wo sie im Namen spricht, das heißt: in der universellen Benennung. So gipfeln im Namen die intensive Totalität der Sprache als des absolut mitteilbaren geistigen Wesens und die extensive Totalität der Sprache als des universell mitteilenden (benennenden) Wesens. Die Sprache ist ihrem mitteilenden Wesen, ihrer Universalität nach, da unvollkommen, wo das geistige Wesen, das aus ihr spricht, nicht in seiner ganzen Struktur sprachliches, das heißt mitteilbares ist. *Der Mensch allein hat die nach Universalität und Intensität vollkommene Sprache.*

Angesichts dieser Erkenntnis ist nun ohne Gefahr der Verwirrung eine Frage möglich, die zwar von höchster metaphysischer Wichtigkeit ist, aber an dieser Stelle in aller Klarheit zunächst als eine terminologische vorgebracht werden kann. Ob nämlich das geistige Wesen – nicht nur des Menschen (denn das ist notwendig) – sondern auch der Dinge und somit geistiges Wesen überhaupt in sprachtheoretischer Hinsicht als sprachliches zu bezeichnen ist. Wenn das geistige Wesen mit dem sprachlichen identisch ist, so ist das Ding seinem geistigen Wesen nach Medium der Mitteilung, und was sich in ihm mitteilt, ist – gemäß dem medialen Verhältnis – eben dies Medium (die Sprache) selbst. Sprache ist dann das geistige Wesen der Dinge. Es wird das geistige Wesen also von vornherein als mitteilbar gesetzt, oder vielmehr gerade *in* die Mitteilbarkeit gesetzt, und die Thesis: das sprachliche Wesen der Dinge ist mit ihrem geistigen, sofern letzteres mitteilbar ist, identisch, wird in ihrem »sofern« zu einer Tautologie. *Einen Inhalt der Sprache gibt es nicht; als Mitteilung teilt die Sprache ein geistiges Wesen, d. i. eine Mitteilbarkeit schlechthin mit.* Die Unterschiede der Sprachen sind solche von Medien, die sich gleichsam nach ihrer Dichte, also graduell, unterscheiden; und das in der zwiefachen Hinsicht nach der Dichte des Mitteilenden (Benennenden) und des Mitteilbaren (Namen) in der Mitteilung. Diese beiden Sphären, die rein geschieden und doch vereinigt nur in der Namensprache des Menschen, entsprechen sich natürlich ständig.

Für die Metaphysik der Sprache ergibt die Gleichsetzung des geistigen mit dem sprachlichen Wesen, welches nur graduelle Unterschiede kennt, eine Abstufung allen geistigen Seins in Gradstufen. Diese Abstufung, die im Inneren des geistigen Wesens selbst stattfindet, läßt sich unter keine obere Kategorie mehr fassen, sie führt daher auf die Abstufung aller geistigen wie sprachlichen Wesen nach Existenzgraden oder nach Seinsgraden, wie sie bezüglich der geistigen schon die Scholastik gewohnt war. Die Gleichsetzung des geistigen mit dem sprachlichen Wesen ist aber in sprachtheoretischer Hinsicht von so großer metaphysischer Tragweite, weil sie auf denjenigen Begriff hinführt, der sich immer wieder wie von selbst im Zentrum der Sprachphilosophie erhoben hat und ihre innigste Verbindung mit der Religionsphilosophie ausgemacht hat. Das ist der Begriff der Offenbarung. – Innerhalb aller sprachlichen Gestaltung waltet der Widerstreit des Ausgesprochenen und Aussprechlichen mit dem Unaussprechlichen und Unausgesprochenen. In der Betrachtung dieses Widerstreites sieht man in der Perspektive des Unaussprechlichen zugleich das letzte geistige Wesen. Nun ist es klar, daß in der Gleichsetzung des geistigen mit dem sprachlichen Wesen dieses Verhältnis der umgekehrten Proportionalität zwischen beiden bestritten wird. Denn hier lautet die Thesis: je tiefer, d. h. je existenter und wirklicher der Geist, desto aussprechlicher und ausgesprochener, wie es denn eben im Sinne dieser Gleichsetzung liegt, die Beziehung zwischen Geist und Sprache zur schlechthin eindeutigen zu machen, so daß der sprachlich existenteste, d. h. fixierteste Ausdruck, das sprachlich Prägnanteste und Unverrückbarste, mit einem Wort: das Ausgesprochenste zugleich das reine Geistige ist. Genau das meint aber der Begriff der Offenbarung, wenn er die Unantastbarkeit des Wortes für die einzige und hinreichende Bedingung und Kennzeichnung der Göttlichkeit des geistigen Wesens, das sich in ihm ausspricht, nimmt. Das höchste Geistesgebiet der Religion ist (im Begriff der Offenbarung) zugleich das einzige, welches das Unaussprechliche nicht kennt. Denn es wird angesprochen im Namen und spricht sich aus als Offenbarung. Hierin aber kündigt sich an, daß allein das höchste geistige Wesen, wie es in der Religion erscheint, rein auf dem Menschen und der Sprache in ihm beruht, während alle Kunst, die Poesie nicht ausgenommen, nicht auf dem allerletzten Inbegriff des Sprachgeistes, sondern auf dinglichem Sprachgeist, wenn auch in seiner vollendeten Schönheit, beruht. »*Sprache, die Mutter* der Vernunft und *Offenbarung*, ihr A und Ω«, sagt Hamann.

Die Sprache selbst ist in den Dingen selbst nicht vollkommen ausgesprochen. Dieser Satz hat einen doppelten Sinn nach der übertragenen und der sinnlichen Bedeutung: Die Sprachen der Dinge sind unvollkommen, und sie sind stumm. Den Dingen ist das reine sprachliche Formprinzip – der Laut – versagt. Sie können sich nur durch eine mehr oder minder stoffliche Gemeinschaft einander mitteilen. Diese Gemeinschaft ist unmittelbar und unendlich wie die jeder sprach-

lichen Mitteilung; sie ist magisch (denn es gibt auch Magie der Materie). Das Unvergleichliche der menschlichen Sprache ist, daß ihre magische Gemeinschaft mit den Dingen immateriell und rein geistig ist, und dafür ist der Laut das Symbol. Dieses symbolische Faktum spricht die Bibel aus, indem sie sagt, daß Gott dem Menschen den Odem einblies: das ist zugleich Leben und Geist und Sprache. –
Wenn im folgenden das Wesen der Sprache auf Grund der ersten Genesiskapitel betrachtet wird, so soll damit weder Bibelinterpretation als Zweck verfolgt noch auch die Bibel an dieser Stelle objektiv als offenbarte Wahrheit dem Nachdenken zugrunde gelegt werden, sondern das, was aus dem Bibeltext in Ansehung der Natur der Sprache selbst sich ergibt, soll aufgefunden werden; und die Bibel ist *zunächst* in dieser Absicht nur darum unersetzlich, weil diese Ausführungen im Prinzipiellen ihr darin folgen, daß in ihnen die Sprache als eine letzte, nur in ihrer Entfaltung zu betrachtende, unerklärliche und mystische Wirklichkeit vorausgesetzt wird. Die Bibel, indem sie sich selbst als Offenbarung betrachtet, muß notwendig die sprachlichen Grundtatsachen entwickeln. – Die zweite Fassung der Schöpfungsgeschichte, die vom Einblasen des Odems erzählt, berichtet zugleich, der Mensch sei aus Erde gemacht worden. Dies ist in der ganzen Schöpfungsgeschichte die einzige Stelle, an der von einem Material des Schöpfers die Rede ist, in welchem dieser seinen Willen, der sonst doch wohl unmittelbar schaffend gedacht ist, ausdrückt. Es ist in dieser zweiten Schöpfungsgeschichte die Erschaffung des Menschen nicht durch das Wort geschehen: Gott sprach – und es geschah –, sondern diesem nicht aus dem Worte geschaffenen Menschen wird nun die *Gabe* der Sprache beigelegt, und er wird über die Natur erhoben.
Diese eigentümliche Revolution des Schöpfungsaktes, wo er sich auf den Menschen richtet, ist aber nicht minder deutlich in der ersten Schöpfungsgeschichte niedergelegt, und in einem ganz anderen Zusammenhange verbürgt er mit gleicher Bestimmtheit den besonderen Zusammenhang zwi-

schen Mensch und Sprache aus dem Akte der Schöpfung heraus. Die mannigfache Rhythmik der Schöpfungsakte des ersten Kapitels läßt doch eine Art Grundform zu, von der allein der den Menschen erschaffende Akt bedeutsam abweicht. Zwar handelt es sich hier nirgends weder bei Mensch noch Natur um eine ausdrückliche Beziehung auf das Material, aus dem sie geschaffen wurden; und ob jeweils in den Worten: »er machte« an ein Schaffen aus Materie etwa gedacht ist, muß hier dahingestellt bleiben. Aber die Rhythmik, nach der sich die Schöpfung der Natur (nach Genesis I) vollzieht, ist: Es werde – Er machte (schuf) – Er nannte. – In einzelnen Schöpfungsakten (I,3; I,14) tritt allein das »Es werde« auf. In diesem »Es werde« und in dem »Er nannte« am Anfang und Ende der Akte erscheint jedesmal die tiefe deutliche Beziehung des Schöpfungsaktes auf die Sprache. Mit der schaffenden Allmacht der Sprache setzt er ein, und am Schluß einverleibt sich gleichsam die Sprache das Geschaffene, sie benennt es. Sie ist also das Schaffende, und das Vollendende, sie ist Wort und Name. In Gott ist der Name schöpferisch, weil er Wort ist, und Gottes Wort ist erkennend, weil es Name ist. »Und er sah, daß es gut war«, das ist: er hatte es erkannt durch den Namen. Das absolute Verhältnis des Namens zur Erkenntnis besteht allein in Gott, nur dort ist der Name, weil er im innersten mit dem schaffenden Wort identisch ist, das reine Medium der Erkenntnis. Das heißt: Gott machte die Dinge in ihren Namen erkennbar. Der Mensch aber benennt sie maßen der Erkenntnis.

In der Schöpfung des Menschen ist die dreifache Rhythmik der Naturschöpfung einer ganz anderen Ordnung gewichen. In ihr hat also die Sprache eine andere Bedeutung; die Dreiheit des Aktes ist auch hier erhalten, aber um so mächtiger bekundet sich eben im Parallelismus der Abstand: in dem dreifachen: »Er schuf« des Verses 1,27. Gott hat den Menschen nicht aus dem Wort geschaffen, und der hat ihn nicht benannt. Er wollte ihn nicht der Sprache unterstellen, sondern im Menschen entließ Gott die Sprache, die *ihm* als Medium der Schöpfung gedient hatte, frei aus sich. Gott ruhte, als er im Menschen sein Schöpferisches sich selbst überließ. Dieses Schöpferische, seiner göttlichen Aktualität entledigt, wurde Erkenntnis. Der Mensch ist der Erkennende derselben Sprache, in der Gott Schöpfer ist. Gott schuf ihn sich zum Bilde, er schuf den Erkennenden zum Bilde des Schaffenden. Daher bedarf der Satz: Das geistige Wesen des Menschen ist die Sprache, der Erklärung. Sein geistiges Wesen ist die Sprache, in der geschaffen wurde. Im Wort wurde geschaffen, und Gottes sprachliches Wesen ist das Wort. Alle menschliche Sprache ist nur Reflex des Wortes im Namen. Der Name erreicht so wenig das Wort wie die Erkenntnis die Schaffung. Die Unendlichkeit aller menschlichen Sprache bleibt immer eingeschränkten und analytischen Wesens im Vergleich mit der absoluten uneingeschränkten und schaffenden Unendlichkeit des Gotteswortes.

Das tiefste Abbild dieses göttlichen Wortes und der Punkt, an dem die Menschensprache den innigsten Anteil an der göttlichen Unendlichkeit des bloßen Wortes erlangt, der Punkt, an dem sie nicht endliches Wort und Erkenntnis nicht werden kann: das ist der menschliche Namen. Die Theorie des Eigennamens ist die Theorie von der Grenze der endlichen gegen die unendliche Sprache. Von allen Wesen ist der Mensch das einzige, das seinesgleichen selbst benennt, wie es denn das einzige ist, das Gott nicht benannt hat. Vielleicht ist es kühn, aber kaum unmöglich, den Vers 2,20 in seinem zweiten Teile in diesem Zusammenhang zu nennen: daß der Mensch alle Wesen benannte, »*aber* für den Menschen ward keine Gehilfin gefunden, die um ihn wäre«. Wie denn auch Adam sein Weib, alsobald er es bekommen hat, benennt. (Männin im zweiten Kapitel, Heva im dritten.) Mit der Gebung des Namens weihen die Eltern ihre Kinder Gott; dem Namen, der sie hier geben, entspricht – metaphysisch, nicht etymologisch verstanden – keine Erkenntnis, wie sie die Kinder ja auch neugeboren benennen. Es sollte im strengen Geist auch kein Mensch dem Namen (nach seiner etymologischen Bedeutung) entsprechen, denn der Eigenname ist Wort Gottes in menschlichen Lauten. Mit ihm wird jedem Menschen seine Erschaffung durch Gott verbürgt, und in diesem Sinne ist er selbst schaffend, wie die mythologische Weisheit es in der Anschauung ausspricht (die sich wohl nicht selten findet), daß sein Name des Menschen Schicksal sei. Der Eigenname ist die Gemeinschaft des Menschen mit dem *schöpferischen* Wort Gottes. (Es ist dies nicht die einzige, und der Mensch kennt noch eine andere Sprachgemeinschaft mit Gottes Wort.) Durch das Wort ist der Mensch mit der Sprache der Dinge verbunden. Das menschliche Wort ist der Name der Dinge. Damit kann die Vorstellung nicht mehr aufkommen, die der bürgerlichen Ansicht der Sprache entspricht, daß das Wort zur Sache sich zufällig verhalte, daß es ein durch irgendwelche Konvention gesetztes Zeichen der Dinge (oder ihrer Erkenntnis) sei. Die Sprache gibt niemals *bloße* Zeichen. Mißverständlich ist aber auch die Ablehnung der bürgerlichen durch die mystische Sprachtheorie. Nach ihr nämlich ist das Wort schlechthin das Wesen der Sache. Das ist unrichtig, weil die Sache an sich kein Wort hat, geschaffen ist sie aus Gottes Wort und erkannt in ihrem Namen nach dem Menschenwort. Diese Erkenntnis der Sache ist aber nicht spontane Schöpfung, sie geschieht nicht aus der Sprache absolut uneingeschränkt und unendlich wie diese; sondern es beruht der Name, den der Mensch der Sache gibt, darauf, wie sie ihm sich mitteilt. Im Namen ist das Wort Gottes nicht schaffend geblieben, es ist an einem Teil empfangend, wenn auch sprachempfangend, geworden. Auf die Sprache der Dinge selbst, aus denen wiederum lautlos und in der stummen Magie der Natur das Wort Gottes hervorstrahlt, ist diese Empfängnis gerichtet.

Für Empfängnis und Spontaneität zugleich, wie sie sich in dieser Einzigartigkeit der Bindung nur im sprachlichen Bereich finden, hat aber die Sprache ihr eigenes Wort, und dieses Wort gilt auch von jener Empfängnis des Namenlosen im Namen. Es ist die Übersetzung der Sprache der Dinge in die des Menschen. Es ist notwendig, den Begriff der Übersetzung in der tiefsten Schicht der Sprachtheorie zu begründen, denn er ist viel zu weittragend und gewaltig, um in irgendeiner Hinsicht nachträglich, wie bisweilen gemeint wird, abgehandelt werden zu können. Seine volle Bedeutung gewinnt er in der Einsicht, daß jede höhere Sprache (mit Ausnahme des Wortes Gottes) als Übersetzung aller anderen betrachtet werden kann. Mit dem erwähnten Verhältnis der Sprachen als dem von Medien verschiedener Dichte ist die Übersetzbarkeit der Sprachen ineinander gegeben. Die Übersetzung ist die Überführung der einen Sprache in die andere durch ein Kontinuum von Verwandlungen. Kontinua der Verwandlung, nicht abstrakte Gleichheits- und Ähnlichkeitsbezirke durchmißt die Übersetzung.

Die Übersetzung der Sprache der Dinge in die des Menschen ist nicht nur Übersetzung des Stummen in das Lauthafte, sie ist die Übersetzung des Namenlosen in den Namen. Das ist also die Übersetzung einer unvollkommenen Sprache in eine vollkommenere, sie kann nicht anders als etwas dazu tun, nämlich die Erkenntnis. Die Objektivität dieser Übersetzung ist aber in Gott verbürgt. Denn Gott hat die Dinge geschaffen, das schaffende Wort in ihnen ist der Keim des erkennenden Namens, wie Gott auch am Ende jedes Ding benannte, nachdem es geschaffen war. Aber offenbar ist diese Benennung nur der Ausdruck der Identität des schaffenden Wortes und des erkennenden Namens in Gott, nicht die vorhergenommene Lösung jener Aufgabe, die Gott ausdrücklich dem Menschen selbst zuschreibt: nämlich die Dinge zu benennen. Indem er die stumme namenlose Sprache der Dinge empfängt und sie in Namen in Lauten überträgt, löst der Mensch diese Aufgabe. Unlösbar wäre sie, wäre nicht die Namensprache des Menschen und die namenlose der Dinge in Gott verwandt, entlassen aus demselben schaffenden Wort, das in den Dingen Mitteilung der Materie in magischer Gemeinschaft, im Menschen Sprache des Erkennens und Namens in seligem Geiste geworden wäre. Hamann sagt: »Alles, was der

Mensch am Anfange hörte, mit Augen sah ... und seine Hände betasteten, war ... lebendiges Wort; denn Gott war das Wort. Mit diesem Worte im Mund und im Herzen war der Ursprung der Sprache so natürlich, so nahe und leicht, wie ein Kinderspiel ...«. Der Maler Müller in seiner Dichtung »Adams erstes Erwachen und erste selige Nächte« läßt Gott mit diesen Worten den Menschen zur Namengebung aufrufen: »Mann von Erde, tritt nahe, am Anschauen werde vollkommner, vollkommner werde durchs Wort!« In dieser Verbindung von Anschauung und Benennung ist innerlich die mitteilende Stummheit der Dinge (der Tiere) auf die Wortsprache des Menschen zu gemeint, die sie im Namen aufnimmt. In demselben Kapitel der Dichtung spricht aus dem Dichter die Erkenntnis, daß nur das Wort, aus dem die Dinge geschaffen sind, ihre Benennung dem Menschen erlaubt, indem es sich in den mannigfachen Sprachen der Tiere, wenn auch stumm, mitteilt im Bild: Gott gibt den Tieren der Reihe nach ein Zeichen, auf das hin sie vor den Menschen zur Benennung treten. Auf eine fast sublime Weise ist so die Sprachgemeinschaft der stummen Schöpfung mit Gott im Bilde des Zeichens gegeben.

Wie das stumme Wort im Dasein der Dinge so unendlich weit unter dem benennenden Wort in der Erkenntnis des Menschen zurückbleibt, wie wiederum dieses wohl unter dem schaffenden Wort Gottes, so ist der Grund für die Vielheit menschlicher Sprachen gegeben. Die Sprache der Dinge kann in *die* Sprache der Erkenntnis und des Namens nur in der Übersetzung eingehen – soviel Übersetzungen, soviel Sprachen, sobald nämlich der Mensch einmal aus dem paradiesischen Zustand, der nur eine Sprache kannte, gefallen ist. (Nach der Bibel stellt diese Folge der Austreibung aus dem Paradiese allerdings erst später sich ein.) Die paradiesische Sprache des Menschen muß die vollkommen erkennende gewesen sein; während später noch einmal alle Erkenntnis in der Mannigfaltigkeit der Sprache sich unendlich differenziert, auf einer niederen Stufe als Schöpfung im Namen überhaupt sich differenzieren mußte. Daß nämlich die Sprache des Paradieses vollkommen erkennend gewesen sei, vermag auch das Dasein des Baumes der Erkenntnis nicht zu verhehlen. Seine Äpfel sollten die Erkenntnis verleihen, was gut und böse sei. Gott aber hatte schon am siebenten Tage mit den Worten der Schöpfung erkannt. Und siehe, es war sehr gut. Die Erkenntnis, zu der die Schlange verführt, das Wissen, was gut sei und böse, ist namenlos. Es ist im tiefsten Sinne nichtig, und dieses Wissen eben selbst das einzige Böse, das der paradiesische Zustand kennt. Das Wissen um gut und böse verläßt den Namen, es ist eine Erkenntnis von außen, die unschöpferische Nachahmung des schaffenden Wortes. Der Name tritt aus sich selbst in dieser Erkenntnis heraus: Der Sündenfall ist die Geburtsstunde des *menschlichen Wortes*, in dem der Name nicht mehr unverletzt lebte, das aus der Namensprache, der erkennenden, man darf sagen: der immanenten eigenen Magie heraustrat, um ausdrücklich, von außen gleichsam, magisch zu werden. Das Wort soll *etwas* mitteilen (außer sich selbst). Das ist wirklich der Sündenfall des Sprachgeistes. Das Wort als äußerlich mitteilendes, gleichsam eine Parodie des ausdrücklich mittelbaren Wortes auf das ausdrücklich unmittelbare, das schaffende Gotteswort, und der Verfall des seligen Sprachgeistes, des adamitischen, der zwischen ihnen steht. Es besteht nämlich in der Tat zwischen dem Worte, welches nach der Verheißung der Schlange das Gute und Böse erkennt, und zwischen dem äußerlich mitteilenden Worte im Grunde Identität. Die Erkenntnis der Dinge beruht im Namen, die des Guten und Bösen ist aber in dem tiefen Sinne, in dem Kierkegaard dieses Wort faßt, »Geschwätz« und kennt nur eine Reinigung und Erhöhung, unter die denn auch der geschwätzige Mensch, der Sündige, gestellt wurde: das Gericht. Dem richtenden Wort ist allerdings die Erkenntnis von gut und böse unmittelbar. Seine Magie ist eine andere als die des Namens, aber gleich sehr Magie. Dieses richtende Wort verstößt die ersten Menschen aus dem Paradies; sie selbst haben es exitiert, zufolge einem ewigen Gesetz, nach welchem dieses richtende Wort die Erweckung seiner selbst als die einzige, tiefste Schuld bestraft – und erwartet. Im Sündenfall, da die ewige Reinheit des Namens angetastet wurde, erhob sich die strengere Reinheit des richtenden Wortes, des Urteils. Für den Wesenszusammenhang der Sprache hat der Sündenfall eine dreifache Bedeutung (ohne seine sonstige hier zu erwähnen). Indem der Mensch aus der reinen Sprache des Namens heraustritt, macht er die Sprache zum Mittel (nämlich einer ihm unangemessenen Erkenntnis), damit auch an einem Teile jedenfalls zum *bloßen* Zeichen; und das hat später die Mehrheit der Sprachen zur Folge. Die zweite Bedeutung ist, daß nun aus dem Sündenfall als die Restitution der in ihm verletzten Unmittelbarkeit des Namens eine neue, die Magie des Urteils, sich erhebt, die nicht mehr selig in sich selbst ruht. Die dritte Bedeutung, deren Vermutung sich vielleicht wagen läßt, wäre, daß auch der Ursprung der Abstraktion als eines Vermögens des Sprachgeistes im Sündenfall zu suchen sei. Gut und böse nämlich stehen als unbenennbar, als namenlos außerhalb der Namensprache, die der Mensch eben im Abgrund dieser Fragestellung verläßt. Der Name bietet nun aber im Hinblick auf die bestehende Sprache nur den Grund, in dem ihre konkreten Elemente wurzeln. Die abstrakten Sprachelemente aber – so darf vielleicht vermutet werden – wurzeln im richtenden Worte, im Urteil. Die Unmittelbarkeit (das ist aber die sprachliche Wurzel) der Mitteilbarkeit der Abstraktion ist im richterlichen Urteil gelegen. Diese Unmittelbarkeit in der Mitteilung der Abstraktion stellte sich richtend ein, als im Sündenfall der Mensch die Unmittelbarkeit in der Mitteilung des Konkreten, den Namen, verließ und in den Abgrund der Mittelbarkeit aller Mitteilung, des Wortes als Mittel, des eitlen Wortes verfiel, in den Abgrund des Geschwätzes. Denn – noch einmal soll das gesagt werden – Geschwätz war die Frage nach dem Gut und Böse in der Welt nach der Schöpfung. Der Baum der Erkenntnis stand nicht wegen der Aufschlüsse über Gut und Böse, die er zu geben vermocht hätte, im Garten Gottes, sondern als Wahrzeichen des Gerichts über den Fragenden. Diese ungeheure Ironie ist das Kennzeichen des mythischen Ursprungs des Rechtes. Nach dem Sündenfall, der in der Mittelbarmachung der Sprache den Grund zu ihrer Vielheit gelegt hatte, konnte es bis zur Sprachverwirrung nur noch ein Schritt sein. Da die Menschen die Reinheit des Namens verletzt hatten, brauchte nur noch die Abkehr von jenem Anschauen der Dinge, in dem deren Sprache dem Menschen eingeht, sich zu vollziehen, um die gemeinsame Grundlage des schon erschütterten Sprachgeistes den Menschen zu rauben. *Zeichen* müssen sich verwirren, wo sich die Dinge verwickeln. Zur Verknechtung der Sprache im Geschwätz tritt die Verknechtung der Dinge in der Narretei fast als deren unausbleibliche Folge. In dieser Abkehr von den Dingen, die die Verknechtung war, entstand der Plan des Turmbaus und die Sprachverwirrung mit ihm.

Das Leben des Menschen im reinen Sprachgeist war selig. Die Natur aber ist stumm. Es ist zwar im zweiten Kapitel der Genesis deutlich zu fühlen, wie diese vom Menschen benannte Stummheit selbst Seligkeit nur niederen Grades geworden ist. Der Maler Müller läßt Adam von den Tieren, die ihn verlassen, nachdem er sie benannt hat, sagen: »und sah an den Adel, wie sie von mir wegsprangen, darum daß ihnen der Mann einen Namen gab.« Nach dem Sündenfall aber ändert sich mit Gottes Wort, das den Acker verflucht, das Ansehen der Natur im tiefsten. Nun beginnt ihre andere Stummheit, die wir mit der tiefen Traurigkeit der Natur meinen. Es ist eine metaphysische Wahrheit, daß alle Natur zu klagen begönne, wenn Sprache ihr verliehen würde. (Wobei »Sprache verleihen« allerdings mehr ist als »machen, daß sie sprechen kann«.) Dieser Satz hat einen doppelten Sinn. Er bedeutet zuerst: sie würde über die Sprache selbst klagen. Sprachlosigkeit: das ist das große Leid der Natur (und um ihrer Erlösung willen ist Leben und Sprache des *Menschen* in der Natur, nicht allein, wie man vermutet, des Dichters). Zweitens sagt dieser Satz: sie würde klagen. Die Klage ist aber der undifferenzierteste, ohnmächtige Ausdruck der Sprache, sie enthält fast nur den sinnlichen Hauch; und wo auch nur Pflanzen rauschen, klingt immer eine Klage mit. Weil sie stumm ist, trauert die Natur. Doch noch tiefer führt in das Wesen der Natur die Umkehrung dieses Satzes ein: die Traurigkeit der Natur macht sie verstummen. Es ist in aller Trauer der tiefste Hang zur Sprachlosigkeit, und das ist unendlich viel mehr als Unfähigkeit oder Unlust zur Mitteilung. Das Traurige fühlt sich so durch und durch erkannt vom Unerkennbaren. Benannt zu sein – selbst wenn der Nennende ein Göttergleicher und Seliger ist – bleibt vielleicht immer eine Ahnung von Trauer. Wieviel mehr aber benannt zu sein, nicht aus der einen seligen Paradiesessprache der Namen, sondern aus den hunderten Menschensprachen, in denen der Namen schon welkte, und die dennoch nach Gottes Spruch die Dinge erkennen. Die Dinge haben keine Eigennamen außer in Gott. Denn Gott rief im schaffenden Wort freilich bei ihren Eigennamen sie hervor. In der Sprache der Menschen aber sind sie überbenannt. Im Verhältnis der Menschensprachen zu der der Dinge liegt etwas, was man als »Überbenennung« annähernd bezeichnen kann: Überbenennung als tiefster sprachlicher Grund aller Traurigkeit und (vom Ding aus betrachtet) allen Verstummens. Die Überbenennung als sprachliches Wesen des Traurigen deutet auf ein anderes merkwürdiges Verhältnis der Sprache: auf die Überbestimmtheit, die im tragischen Verhältnis zwischen den Sprachen der sprechenden Menschen waltet.

Es gibt eine Sprache der Plastik, der Malerei, der Poesie. So wie die Sprache der Poesie in der Namensprache des Menschen, wenn nicht allein, so doch jedenfalls mit fundiert ist, ebenso ist es sehr wohl denkbar, daß die Sprache der Plastik oder Malerei etwa in gewissen Arten von Dingsprachen fundiert sei, daß in ihnen eine Übersetzung der Sprache der Dinge in eine unendlich viel höhere Sprache, aber doch vielleicht derselben Sphäre, vorliegt. Es handelt sich hier um namenlose, unakustische Sprachen, um Sprachen aus dem

Material; dabei ist an die materiale Gemeinsamkeit der Dinge in ihrer Mitteilung zu denken.

Übrigens ist die Mitteilung der Dinge gewiß von einer solchen Art von Gemeinschaftlichkeit, daß sie die Welt überhaupt als ein ungeschiedenes Ganzes befaßt.

Für die Erkenntnis der Kunstformen gilt der Versuch, sie alle als Sprachen aufzufassen und ihren Zusammenhang mit Natursprachen zu suchen. Ein Beispiel, das naheliegt, weil es der akustischen Sphäre angehört, ist die Verwandtschaft des Gesanges mit der Sprache der Vögel. Andererseits ist gewiß, daß die Sprache der Kunst sich nur in tiefster Beziehung zur Lehre von den Zeichen verstehen läßt. Ohne diese bleibt überhaupt jede Sprachphilosophie gänzlich fragmentarisch, weil die Beziehung zwischen Sprache und Zeichen (wofür die zwischen Menschensprache und Schrift nur ein ganz besonderes Beispiel bildet) ursprünglich und fundamental ist.

Dies gibt Gelegenheit, einen anderen Gegensatz zu bezeichnen, der das gesamte Gebiet der Sprache durchwaltet und wichtige Beziehungen zu dem erwähnten von Sprache in engerem Sinne und Zeichen hat, die doch durchaus nicht ohne weiteres mit diesem zusammenfällt. Es ist nämlich Sprache in jedem Falle nicht allein Mitteilung des Mitteilbaren, sondern zugleich Symbol des Nicht-Mitteilbaren. Diese symbolische Seite der Sprache hängt mit ihrer Beziehung zum Zeichen zusammen, aber erstreckt sich zum Beispiel in gewisser Beziehung auch über Name und Urteil. Diese haben nicht allein eine mitteilende, sondern höchstwahrscheinlich auch eine mit ihr eng verbundene symbolische Funktion, auf die hier ausdrücklich wenigstens nicht hingewiesen wurde.

Demnach bleibt nach diesen Erwägungen ein gereinigter Begriff von Sprache zurück, wenn der auch noch unvollkommen sein mag. Die Sprache eines Wesens ist das Medium, in dem sich sein geistiges Wesen mitteilt. Der ununterbrochene Strom dieser Mitteilung fließt durch die ganze Natur vom niedersten Existierenden bis zum Menschen und vom Menschen zu Gott. Der Mensch teilt sich Gott durch den Namen mit, den er der Natur und seinesgleichen (im Eigennamen) gibt, und der Natur gibt er den Namen nach der Mitteilung, die er von ihr empfängt, denn auch die ganze Natur ist von einer namenlosen stummen Sprache durchzogen, dem Residuum des schaffenden Gotteswortes, welches im Menschen als erkennender Name und über dem Menschen als richtendes Urteil schwebend sich erhalten hat. Die Sprache der Natur ist einer geheimen Losung zu vergleichen, die jeder Posten dem nächsten in seiner eigenen Sprache weitergibt, der Inhalt der Losung aber ist die Sprache des Postens selbst. Alle höhere Sprache ist Übersetzung der niederen, bis in der letzten Klarheit sich das Wort Gottes entfaltet, das die Einheit dieser Sprachbewegung ist.

Die Aufgabe des Übersetzers

Nirgends erweist sich einem Kunstwerk oder einer Kunstform gegenüber die Rücksicht auf den Aufnehmenden für deren Erkenntnis fruchtbar. Nicht genug, daß jede Beziehung auf ein bestimmtes Publikum oder dessen Repräsentanten vom Wege abführt, ist sogar der Begriff eines ›idealen‹ Aufnehmenden in allen kunsttheoretischen Erörterungen vom Übel, weil diese lediglich gehalten sind, Dasein und Wesen des Menschen überhaupt vorauszusetzen. So setzt auch die Kunst selbst dessen leibliches und geistiges Wesen voraus – seine Aufmerksamkeit aber in keinem ihrer Werke. Denn kein Gedicht gilt dem Leser, kein Bild dem Beschauer, keine Symphonie der Hörerschaft.

Gilt eine Übersetzung den Lesern, die das Original nicht verstehen? Das scheint hinreichend den Rangunterschied im Bereiche der Kunst zwischen beiden zu erklären. Überdies scheint es der einzig mögliche Grund, ›Dasselbe‹ wiederholt zu sagen. Was ›sagt‹ denn eine Dichtung? Was teilt sie mit? Sehr wenig dem, der sie versteht. Ihr Wesentliches ist nicht Mitteilung, nicht Aussage. Dennoch könnte diejenige Übersetzung, welche vermitteln will, nichts vermitteln als die Mitteilung – also Unwesentliches. Das ist denn auch ein Erkennungszeichen der schlechten Übersetzungen. Was aber außer der Mitteilung in einer Dichtung steht – und auch der schlechte Übersetzer gibt zu, daß es das Wesentliche ist – gilt es nicht allgemein als das Unfaßbare, Geheimnisvolle, ›Dichterische‹? Das der Übersetzer nur wiedergeben kann, indem er – auch dichtet? Daher rührt in der Tat ein zweites Merkmal der schlechten Übersetzung, welche man demnach als eine ungenaue Übermittlung eines unwesentlichen Inhalts definieren darf. Dabei bleibt es, solange die Übersetzung sich anheischig macht, dem Leser zu dienen. Wäre sie aber für den Leser bestimmt, so müßte es auch das Original sein. Besteht

das Original nicht um dessentwillen, wie ließe sich dann die Übersetzung aus dieser Beziehung verstehen?
Übersetzung ist eine Form. Sie als solche zu erfassen, gilt es zurückzugehen auf das Original. Denn in ihm liegt deren Gesetz als in dessen Übersetzbarkeit beschlossen. Die Frage nach der Übersetzbarkeit eines Werkes ist doppelsinnig. Sie kann bedeuten: ob es unter der Gesamtheit seiner Leser je seinen zulänglichen Übersetzer finden werde? oder, und eigentlicher: ob es seinem Wesen nach Übersetzung zulasse und demnach – der Bedeutung dieser Form gemäß – auch verlange. Grundsätzlich ist die erste Frage nur problematisch, die zweite apodiktisch zu entscheiden. Nur das oberflächliche Denken wird, indem es den selbständigen Sinn der letzten leugnet, beide für gleichbedeutend erklären. Ihm gegenüber ist darauf hinzuweisen, daß gewisse Relationsbegriffe ihren guten, ja vielleicht besten Sinn behalten, wenn sie nicht von vorne herein ausschließlich auf den Menschen bezogen werden. So dürfte von einem unvergeßlichen Leben oder Augenblick gesprochen werden, auch wenn alle Menschen sie vergessen hätten. Wenn nämlich deren Wesen es forderte, nicht vergessen zu werden, so würde jenes Prädikat nichts Falsches, sondern nur eine Forderung, der Menschen nicht entsprechen, und zugleich auch wohl den Verweis auf einen Bereich enthalten, in dem ihr entsprochen wäre: auf ein Gedenken Gottes. Entsprechend bliebe die Übersetzbarkeit sprachlicher Gebilde auch dann zu erwägen, wenn diese für die Menschen unübersetzbar wären. Und sollten sie das bei einem strengen Begriff von Übersetzung nicht wirklich bis zu einem gewissen Grade sein? – In solcher Loslösung ist die Frage zu stellen, ob Übersetzung bestimmter Sprachgebilde zu fordern sei. Denn es gilt der Satz: Wenn Übersetzung eine Form ist, so muß Übersetzbarkeit gewissen Werken wesentlich sein.
Übersetzbarkeit eignet gewissen Werken wesentlich – das heißt nicht, ihre Übersetzung ist wesentlich für sie selbst, sondern will besagen, daß eine bestimmte Bedeutung, die den

Originalen innewohnt, sich in ihrer Übersetzbarkeit äußere. Daß eine Übersetzung niemals, so gut sie auch sei, etwas für das Original zu bedeuten vermag, leuchtet ein. Dennoch steht sie mit diesem kraft seiner Übersetzbarkeit im nächsten Zusammenhang. Ja, dieser Zusammenhang ist um so inniger, als er für das Original selbst nichts mehr bedeutet. Er darf ein natürlicher genannt werden und zwar genauer ein Zusammenhang des Lebens. So wie die Äußerungen des Lebens innigst mit dem Lebendigen zusammenhängen, ohne ihm etwas zu bedeuten, geht die Übersetzung aus dem Original hervor. Zwar nicht aus seinem Leben so sehr denn aus seinem ›Überleben‹. Ist doch die Übersetzung später als das Original und bezeichnet sie doch bei den bedeutenden Werken, die da ihre erwählten Übersetzer niemals im Zeitalter ihrer Entstehung finden, das Stadium ihres Fortlebens. In völlig unmetaphorischer Sachlichkeit ist der Gedanke vom Leben und Fortleben der Kunstwerke zu erfassen. Daß man nicht der organischen Leiblichkeit allein Leben zusprechen dürfe, ist selbst in Zeiten des befangensten Denkens vermutet worden. Aber nicht darum kann es sich handeln, unter dem schwachen Szepter der Seele dessen Herrschaft auszudehnen, wie es Fechner versuchte; geschweige daß Leben aus den noch weniger maßgeblichen Momenten des Animalischen definiert werden könnte, wie aus Empfindung, die es nur gelegentlich kennzeichnen kann. Vielmehr nur wenn allem demjenigen, wovon es Geschichte gibt und was nicht allein ihr Schauplatz ist, Leben zuerkannt wird, kommt dessen Begriff zu seinem Recht. Denn von der Geschichte, nicht von der Natur aus, geschweige von so schwankender wie Empfindung und Seele, ist zuletzt der Umkreis des Lebens zu bestimmen. Daher entsteht dem Philosophen die Aufgabe, alles natürliche Leben aus dem umfassenderen der Geschichte zu verstehen. Und ist nicht wenigstens das Fortleben der Werke unvergleichlich viel leichter zu erkennen als dasjenige der Geschöpfe? Die Geschichte der großen Kunstwerke kennt ihre Deszendenz aus den Quellen, ihre Gestaltung im Zeitalter des Künstlers und die Periode ihres grundsätzlich ewigen Fortlebens bei den nachfolgenden Generationen. Dieses letzte heißt, wo es zutage tritt, Ruhm. Übersetzungen, die mehr als Vermittlungen sind, entstehen, wenn im Fortleben ein Werk das Zeitalter seines Ruhmes erreicht hat. Sie dienen daher nicht sowohl diesem, wie schlechte Übersetzer es für ihre Arbeit zu beanspruchen pflegen, als daß sie ihm ihr Dasein verdanken. In ihnen erreicht das Leben des Originals seine stets erneute späteste und umfassendste Entfaltung.

Diese Entfaltung ist als die eines eigentümlichen und hohen Lebens durch eine eigentümliche und hohe Zweckmäßigkeit bestimmt. Leben und Zweckmäßigkeit – ihr scheinbar handgreiflicher und doch fast der Erkenntnis sich entziehender Zusammenhang erschließt sich nur, wo jener Zweck, auf den alle einzelnen Zweckmäßigkeiten des Lebens hinwirken, nicht wiederum in dessen eigener Sphäre, sondern in einer höheren gesucht wird. Alle zweckmäßigen Lebenserscheinungen wie ihre Zweckmäßigkeit überhaupt sind letzten Endes zweckmäßig nicht für das Leben, sondern für den Ausdruck seines Wesens, für die Darstellung seiner Bedeutung. So ist die Übersetzung zuletzt zweckmäßig für den Ausdruck des innersten Verhältnisses der Sprachen zueinander. Sie kann dieses verborgene Verhältnis selbst unmöglich offenbaren, unmöglich herstellen; aber darstellen, indem sie es keimhaft oder intensiv verwirklicht, kann sie es. Und zwar ist diese Darstellung eines Bedeuteten durch den Versuch, den Keim seiner Herstellung ein ganz eigentümlicher Darstellungsmodus, wie er im Bereich des nicht sprachlichen Lebens kaum angetroffen werden mag. Denn dieses kennt in Analogien und Zeichen andere Typen der Hindeutung, als die intensive, d. h. vorgreifende, andeutende Verwirklichung. – Jenes gedachte, innerste Verhältnis der Sprachen ist aber das einer eigentümlichen Konvergenz. Es besteht darin, daß die Sprachen einander nicht fremd, sondern a priori und von allen historischen Beziehungen abgesehen einander in dem verwandt sind, was sie sagen wollen.

Mit diesem Erklärungsversuch scheint allerdings die Betrachtung auf vergeblichen Umwegen wieder in die herkömmliche Theorie der Übersetzung einzumünden. Wenn in den Übersetzungen die Verwandtschaft der Sprachen sich zu bewähren hat, wie könnte sie das anders als indem jene Form und Sinn des Originals möglichst genau übermitteln? Über den Begriff dieser Genauigkeit wüßte sich jene Theorie freilich nicht zu fassen, könnte also zuletzt doch keine Rechenschaft von dem geben, was an Übersetzungen wesentlich ist. In Wahrheit aber bezeugt sich die Verwandtschaft der Sprachen in einer Übersetzung weit tiefer und bestimmter als in der oberflächlichen und undefinierbaren Ähnlichkeit zweier Dichtungen. Um das echte Verhältnis zwischen Original und Übersetzung zu erfassen, ist eine Erwägung anzustellen, deren Absicht durchaus den Gedankengängen analog ist, in denen die Erkenntniskritik die Unmöglichkeit einer Abbildtheorie zu erweisen hat. Wird dort gezeigt, daß es in der Erkenntnis keine Objektivität und sogar nicht einmal den Anspruch darauf geben könnte, wenn sie in Abbildern des Wirklichen bestünde, so ist hier erweisbar, daß keine Übersetzung möglich wäre, wenn sie Ähnlichkeit mit dem Original ihrem letzten Wesen nach anstreben würde. Denn in seinem Fortleben, das so nicht heißen dürfte, wenn es nicht Wandlung und Erneuerung des Lebendigen wäre, ändert sich das Original. Es gibt eine Nachreife auch der festgelegten Worte. Was zur Zeit eines Autors Tendenz seiner dichterischen Sprache gewesen sein mag, kann später erledigt sein, immanente Tendenzen vermögen neu aus dem Geformten sich zu erheben. Was damals jung, kann später abgebraucht, was damals gebräuchlich, später archaisch klingen. Das Wesentliche solcher Wandlungen wie auch der ebenso ständigen des Sinnes in der Subjektivität der Nachgeborenen statt im eigensten Leben der Sprache und ihrer Werke zu suchen, hieße – zugestanden selbst den krudesten Psychologismus – Grund und Wesen einer Sache verwechseln, strenger gesagt aber, einen der gewaltigsten und fruchtbarsten historischen

Prozesse aus Unkraft des Denkens leugnen. Und wollte man auch des Autors letzten Federstrich zum Gnadenstoß des Werkes machen, es würde jene tote Theorie der Übersetzung doch nicht retten. Denn wie Ton und Bedeutung der großen Dichtungen mit den Jahrhunderten sich völlig wandeln, so wandelt sich auch die Muttersprache des Übersetzers. Ja, während das Dichterwort in der seinigen überdauert, ist auch die größte Übersetzung bestimmt in das Wachstum ihrer Sprache ein-, in der erneuten unterzugehen. So weit ist sie entfernt, von zwei erstorbenen Sprachen die taube Gleichung zu sein, daß gerade unter allen Formen ihr als Eigenstes es zufällt, auf jene Nachreife des fremden Wortes, auf die Wehen des eigenen zu merken.

Wenn in der Übersetzung die Verwandtschaft der Sprachen sich bekundet, so geschieht es anders als durch die vage Ähnlichkeit von Nachbildung und Original. Wie es denn überhaupt einleuchtet, daß Ähnlichkeit nicht notwendig bei Verwandtschaft sich einfinden muß. Und auch insofern ist der Begriff der letzten in diesem Zusammenhang mit seinem engern Gebrauch einstimmig, als er durch Gleichheit der Abstammung in beiden Fällen nicht ausreichend definiert werden kann, wiewohl freilich für die Bestimmung jenes engern Gebrauchs der Abstammungsbegriff unentbehrlich bleiben wird. – Worin kann die Verwandtschaft zweier Sprachen, abgesehen von einer historischen, gesucht werden? In der Ähnlichkeit von Dichtungen jedenfalls ebensowenig wie in derjenigen ihrer Worte. Vielmehr beruht alle überhistorische Verwandtschaft der Sprachen darin, daß in ihrer jeder als ganzer jeweils eines und zwar dasselbe gemeint ist, das dennoch keiner einzelnen von ihnen, sondern nur der Allheit ihrer einander ergänzenden Intentionen erreichbar ist: die reine Sprache. Während nämlich alle einzelnen Elemente, die Wörter, Sätze, Zusammenhänge von fremden Sprachen sich ausschließen, ergänzen diese Sprachen sich in ihren Intentionen selbst. Dieses Gesetz, eines der grundlegenden der Sprachphilosophie, genau zu fassen, ist in der Intention vom Gemeinten die Art des Meinens zu unterscheiden. In »Brot« und »pain« ist das Gemeinte zwar dasselbe, die Art, es zu meinen, dagegen nicht. In der Art des Meinens nämlich liegt es, daß beide Worte dem Deutschen und Franzosen je etwas Verschiedenes bedeuten, daß sie für beide nicht vertauschbar sind, ja sich letzten Endes auszuschließen streben; am Gemeinten aber, daß sie, absolut genommen, das Selbe und Identische bedeuten. Während dergestalt die Art des Meinens in diesen beiden Wörtern einander widerstrebt, ergänzt sie sich in den beiden Sprachen, denen sie entstammen. Und zwar ergänzt sich in ihnen die Art des Meinens zum Gemeinten. Bei den einzelnen, den unergänzten Sprachen nämlich ist ihr Gemeintes niemals in relativer Selbständigkeit anzutreffen, wie bei den einzelnen Wörtern oder Sätzen, sondern vielmehr in stetem Wandel begriffen, bis es aus der Harmonie all jener Arten des Meinens als die reine Sprache herauszutreten vermag. So lange bleibt es in den Sprachen verborgen. Wenn aber diese derart bis ans messianische Ende ihrer Geschichte wachsen, so ist es die Übersetzung, welche am ewigen Fortleben der Werke und am unendlichen Aufleben der Sprachen sich entzündet, immer von neuem die Probe auf jenes heilige Wachstum der Sprachen zu machen: wie weit ihr Verborgenes von der Offenbarung entfernt sei, wie gegenwärtig es im Wissen um diese Entfernung werden mag.

Damit ist allerdings zugestanden, daß alle Übersetzung nur eine irgendwie vorläufige Art ist, sich mit der Fremdheit der Sprachen auseinanderzusetzen. Eine andere als zeitliche und vorläufige Lösung dieser Fremdheit, eine augenblickliche und endgültige, bleibt den Menschen versagt oder ist jedenfalls unmittelbar nicht anzustreben. Mittelbar aber ist es das Wachstum der Religionen, welches in den Sprachen den verhüllten Samen einer höhern reift. Übersetzung also, wiewohl sie auf Dauer ihrer Gebilde nicht Anspruch erheben kann und hierin unähnlich der Kunst, verleugnet nicht ihre Richtung auf ein letztes, endgültiges und entscheidendes Stadium aller Sprachfügung. In ihr wächst das Original in einen gleich-

Die Aufgabe des Übersetzers

sam höheren und reineren Luftkreis der Sprache hinauf, in welchem es freilich nicht auf die Dauer zu leben vermag, wie es ihn auch bei weitem nicht in allen Teilen seiner Gestalt erreicht, auf den es aber dennoch in einer wunderbar eindringlichen Weise wenigstens hindeutet als auf den vorbestimmten, versagten Versöhnungs- und Erfüllungsbereich der Sprachen. Den erreicht es nicht mit Stumpf und Stil, aber in ihm steht dasjenige, was an einer Übersetzung mehr ist als Mitteilung. Genauer läßt sich dieser wesenhafte Kern als dasjenige bestimmen, was an ihr selbst nicht wiederum übersetzbar ist. Mag man nämlich an Mitteilung aus ihr entnehmen, soviel man kann und dies übersetzen, so bleibt dennoch dasjenige unberührbar zurück, worauf die Arbeit des wahren Übersetzers sich richtete. Es ist nicht übertragbar wie das Dichterwort des Originals, weil das Verhältnis des Gehalts zur Sprache völlig verschieden ist in Original und Übersetzung. Bilden nämlich diese im ersten eine gewisse Einheit wie Frucht und Schale, so umgibt die Sprache der Übersetzung ihren Gehalt wie ein Königsmantel in weiten Falten. Denn sie bedeutet eine höhere Sprache als sie ist und bleibt dadurch ihrem eigenen Gehalt gegenüber unangemessen, gewaltig und fremd. Diese Gebrochenheit verhindert jede Übertragung, wie sie sie zugleich erübrigt. Denn jede Übersetzung eines Werkes aus einem bestimmten Zeitpunkt der Sprachgeschichte repräsentiert hinsichtlich einer bestimmten Seite seines Gehaltes diejenigen in allen übrigen Sprachen. Übersetzung verpflanzt also das Original in einen wenigstens insofern – ironisch – endgültigeren Sprachbereich, als es aus diesem durch keinerlei Übertragung mehr zu versetzen ist, sondern in ihn nur immer von neuem und an andern Teilen erhoben zu werden vermag. Nicht umsonst mag hier das Wort ›ironisch‹ an Gedankengänge der Romantiker erinnern. Diese haben vor andern Einsicht in das Leben der Werke besessen, von welchem die Übersetzung eine höchste Bezeugung ist. Freilich haben sie diese als solche kaum erkannt, vielmehr ihre ganze Aufmerksamkeit der Kritik zugewendet, die ebenfalls ein wenn auch geringeres Moment im Fortleben der Werke darstellt. Doch wenn auch ihre Theorie auf Übersetzung kaum sich richten mochte, so ging doch ihr großes Übersetzungswerk selbst mit einem Gefühl von dem Wesen und der Würde dieser Form zusammen. Dieses Gefühl – darauf deutet alles hin – braucht nicht notwendig im Dichter am stärksten zu sein; ja es hat in ihm als Dichter vielleicht am wenigsten Raum. Nicht einmal die Geschichte legt das konventionelle Vorurteil nahe, demzufolge die bedeutenden Übersetzer Dichter und unbedeutende Dichter geringe Übersetzer wären. Eine Reihe der größeren wie Luther, Voß, Schlegel sind als Übersetzer ungleich bedeutender denn als Dichter, andere unter den größten, wie Hölderlin und George, nach dem ganzen Umfang ihres Schaffens unter dem Begriff des Dichters allein nicht zu fassen. Zumal nicht als Übersetzer. Wie nämlich die Übersetzung eine eigene Form ist, so läßt sich auch die Aufgabe des Übersetzers als eine eigene fassen und genau von der des Dichters unterscheiden. Sie besteht darin, diejenige Intention auf die Sprache, in die übersetzt wird, zu finden, von der aus in ihr das Echo des Originals erweckt wird. Hierin liegt ein vom Dichtwerk durchaus unterscheidender Zug der Übersetzung, weil dessen Intention niemals auf die Sprache als solche, ihre Totalität, geht, sondern allein unmittelbar auf bestimmte sprachliche Gehaltszusammenhänge. Die Übersetzung aber sieht sich nicht wie die Dichtung gleichsam im innern Bergwald der Sprache selbst, sondern außerhalb desselben, ihm gegenüber und ohne ihn zu betreten ruft sie das Original hinein, an demjenigen einzigen Orte hinein, wo jewels das Echo in der eigenen den Widerhall eines Werkes der fremden Sprache zu geben vermag. Ihre Intention geht nicht allein auf etwas anderes als die der Dichtung, nämlich auf eine Sprache im ganzen von einem einzelnen Kunstwerk in einer fremden aus, sondern sie ist auch selbst eine andere: die des Dichters ist naive, erste, anschauliche, die des Übersetzers abgeleitete, letzte, ideenhafte Intention. Denn das große Motiv einer

Integration der vielen Sprachen zur einen wahren erfüllt seine Arbeit. Dies ist aber jene, in welcher zwar die einzelnen Sätze, Dichtungen, Urteile sich nie verständigen – wie sie denn auch auf Übersetzung angewiesen bleiben –, in welcher jedoch die Sprachen selbst miteinander, ergänzt und versöhnt in der Art ihres Meinens, übereinkommen. Wenn anders es aber eine Sprache der Wahrheit gibt, in welcher die letzten Geheimnisse, um die alles Denken sich müht, spannungslos und selbst schweigend aufbewahrt sind, so ist diese Sprache der Wahrheit – die wahre Sprache. Und eben diese, in deren Ahnung und Beschreibung die einzige Vollkommenheit liegt, welche der Philosoph sich erhoffen kann, sie ist intensiv in den Übersetzungen verborgen. Es gibt keine Muse der Philosophie, es gibt auch keine Muse der Übersetzung. Banausisch aber, wie sentimentale Artisten sie wissen wollen, sind sie nicht. Denn es gibt ein philosophisches Ingenium, dessen eigenstes die Sehnsucht nach jener Sprache ist, welche in der Übersetzung sich bekundet. »Les langues imparfaites en cela que plusieurs, manque la suprême: penser étant écrire sans accessoires, ni chuchotement mais tacite encore l'immortelle parole, la diversité, sur terre, des idiomes empêche personne de proférer les mots qui, sinon se trouveraient, par une frappe unique, elle-même matériellement la vérité.« Wenn, was in diesen Worten Mallarmé gedenkt, dem Philosophen streng ermeßbar ist, so steht mit ihren Keimen solcher Sprache die Übersetzung mitten zwischen Dichtung und der Lehre. Ihr Werk steht an Ausprägung diesen nach, doch es prägt sich nicht weniger tief ein in die Geschichte.

Erscheint die Aufgabe des Übersetzers in solchem Licht, so drohen die Wege ihrer Lösung sich um so undurchdringlicher zu verfinstern. Ja, diese Aufgabe: in der Übersetzung den Samen reiner Sprache zur Reife zu bringen, scheint niemals lösbar, in keiner Lösung bestimmbar. Denn wird einer solchen nicht der Boden entzogen, wenn die Wiedergabe des Sinnes aufhört, maßgebend zu sein? Und nichts anderes ist ja – negativ gewendet – die Meinung alles Vorstehenden. Treue und Freiheit – Freiheit der sinngemäßen Wiedergabe und in ihrem Dienst Treue gegen das Wort – sind die althergebrachten Begriffe in jeder Diskussion von Übersetzungen. Einer Theorie, die anderes in der Übersetzung sucht als Sinnwiedergabe, scheinen sie nicht mehr dienen zu können. Zwar sieht ihre herkömmliche Verwendung diese Begriffe stets in einem unauflöslichen Zwiespalt. Denn was kann gerade die Treue für die Wiedergabe des Sinnes eigentlich leisten? Treue in der Übersetzung des einzelnen Wortes kann fast nie den Sinn voll wiedergeben, den es im Original hat. Denn dieser erschöpft sich nach seiner dichterischen Bedeutung fürs Original nicht in dem Gemeinten, sondern gewinnt diese gerade dadurch, wie das Gemeinte an die Art des Meinens in dem bestimmten Worte gebunden ist. Man pflegt dies in der Formel auszudrücken, daß die Worte einen Gefühlston mit sich führen. Gar die Wörtlichkeit hinsichtlich der Syntax wirft jede Sinneswiedergabe vollends über den Haufen und droht geradenwegs ins Unverständliche zu führen. Dem neunzehnten Jahrhundert standen Hölderlins Sophokles-Übersetzungen als monströse Beispiele solcher Wörtlichkeit vor Augen. Wie sehr endlich Treue in der Wiedergabe der Form die des Sinnes erschwert, versteht sich von selbst. Demgemäß ist die Forderung der Wörtlichkeit unableitbar aus dem Interesse der Erhaltung des Sinnes. Dieser dient weit mehr – freilich der Dichtung und Sprache weit weniger – die zuchtlose Freiheit schlechter Übersetzer. Notwendigerweise muß also jene Forderung, deren Recht auf der Hand, deren Grund sehr verborgen liegt, aus triftigeren Zusammenhängen verstanden werden. Wie nämlich Scherben eines Gefäßes, um sich zusammenfügen zu lassen, in den kleinsten Einzelheiten einander zu folgen, doch nicht so zu gleichen haben, so muß, anstatt dem Sinn des Originals sich ähnlich zu machen, die Übersetzung liebend vielmehr und bis ins Einzelne hinein dessen Art des Meinens in der eigenen Sprache sich anbilden, um so beide wie Scherben als Bruchstück eines Gefäßes, als Bruchstück einer größeren Sprache erkennbar zu machen.

Eben darum muß sie von der Absicht, etwas mitzuteilen, vom Sinn in sehr hohem Maße absehen und das Original ist ihr in diesem nur insofern wesentlich, als es der Mühe und Ordnung des Mitzuteilenden den Übersetzer und sein Werk schon enthoben hat. Auch im Bereiche der Übersetzung gilt: ἐν ἀρχῇ ἦν ὁ λόγος, im Anfang war das Wort. Dagegen kann, ja muß dem Sinn gegenüber ihre Sprache sich gehen lassen, um nicht dessen intentio als Wiedergabe, sondern als Harmonie, als Ergänzung zur Sprache, in der diese sich mitteilt, ihre eigene Art der intentio ertönen zu lassen. Es ist daher, vor allem im Zeitalter ihrer Entstehung, das höchste Lob einer Übersetzung nicht, sich wie ein Original ihrer Sprache zu lesen. Vielmehr ist eben das die Bedeutung der Treue, welche durch Wörtlichkeit verbürgt wird, daß die große Sehnsucht nach Sprachergänzung aus dem Werke spreche. Die wahre Übersetzung ist durchscheinend, sie verdeckt nicht das Original, steht ihm nicht im Licht, sondern läßt die reine Sprache, wie verstärkt durch ihr eigenes Medium, nur um so voller aufs Original fallen. Das vermag vor allem Wörtlichkeit in der Übertragung der Syntax und gerade sie erweist das Wort, nicht den Satz als das Urelement des Übersetzers. Denn der Satz ist die Mauer vor der Sprache des Originals, Wörtlichkeit die Arkade.

Wenn Treue und Freiheit der Übersetzung seit jeher als widerstrebende Tendenzen betrachtet wurden, so scheint auch diese tiefere Deutung der einen beide nicht zu versöhnen, sondern im Gegenteil alles Recht der andern abzusprechen. Denn worauf bezieht Freiheit sich, wenn nicht auf die Wiedergabe des Sinnes, die aufhören soll, gesetzgebend zu heißen? Allein wenn der Sinn eines Sprachgebildes identisch gesetzt werden darf mit dem seiner Mitteilung, so bleibt ihm ganz nah und doch unendlich fern, unter ihm verborgen oder deutlicher, durch ihn gebrochen oder machtvoller über alle Mitteilung hinaus ein Letztes, Entscheidendes. Es bleibt in aller Sprache und ihren Gebilden außer dem Mitteilbaren ein Nicht-Mitteilbares, ein, je nach dem Zusammenhang, in dem es angetroffen wird, Symbolisierendes oder Symbolisiertes. Symbolisierendes nur, in den endlichen Gebilden der Sprachen; Symbolisiertes aber im Werden der Sprachen selbst. Und was im Werden der Sprachen sich darzustellen, ja herzustellen sucht, das ist jener Kern der reinen Sprache selbst. Wenn aber dieser, ob verborgen und fragmentarisch, dennoch gegenwärtig im Leben als das Symbolisierte selbst ist, so wohnt er nur symbolisierend in den Gebilden. Ist jene letzte Wesenheit, die da die reine Sprache selbst ist, in den Sprachen nur an Sprachliches und dessen Wandlungen gebunden, so ist sie in den Gebilden behaftet mit dem schweren und fremden Sinn. Von diesem sie zu entbinden, das Symbolisierende zum Symbolisierten selbst zu machen, die reine Sprache gestaltet der Sprachbewegung zurückzugewinnen, ist das gewaltige und einzige Vermögen der Übersetzung. In dieser reinen Sprache, die nichts mehr meint und nichts mehr ausdrückt, sondern als ausdrucksloses und schöpferisches Wort das in allen Sprachen Gemeinte ist, trifft endlich alle Mitteilung, aller Sinn und alle Intention auf eine Schicht, in der sie zu erlöschen bestimmt sind. Und eben aus ihr bestätigt sich die Freiheit der Übersetzung zu einem neuen und höhern Rechte. Nicht aus dem Sinn der Mitteilung, von welchem zu emanzipieren gerade die Aufgabe der Treue ist, hat sie ihren Bestand. Freiheit vielmehr bewährt sich um der reinen Sprache willen an der eigenen. Jene reine Sprache, die in fremde gebannt ist, in der eigenen zu erlösen, die im Werk gefangene in der Umdichtung zu befreien, ist die Aufgabe des Übersetzers. Um ihretwillen bricht er morsche Schranken der eigenen Sprache. Luther, Voß, Hölderlin, George haben die Grenzen des Deutschen erweitert. – Was hiernach für das Verhältnis von Übersetzung und Original an Bedeutung dem Sinn verbleibt läßt sich in einem Vergleich fassen. Wie die Tangente der Kreis flüchtig und nur in einem Punkte berührt und wie ihr wohl diese Berührung, nicht aber der Punkt, das Gesetz vorschreibt, nach dem sie weiter ins Unendliche ihre gerade Bahn zieht, so berührt die Übersetzung flüchtig und nur in dem unendlich kleinen Punkte des Sinnes das Original, um nach dem Gesetze der Treue in der Freiheit der Sprachbewegung ihre eigenste Bahn zu verfolgen. Die wahre Bedeutung dieser Freiheit hat, ohne sie doch zu nennen noch zu begründen, Rudolf Pannwitz in Ausführungen gekennzeichnet, die sich in der »krisis der europäischen kultur« finden und die neben Goethes Sätzen in den Noten zum »Divan« leicht das Beste sein dürften, was in Deutschland zur Theorie der Übersetzung veröffentlicht wurde. Dort heißt es: »unsre übertragungen auch die besten gehn von einem falschen grundsatz aus sie wollen das indische griechische englische verdeutschen anstatt das deutsche zu verindischen vergriechischen verenglischen. sie haben eine viel bedeutendere ehrfurcht vor den eigenen sprachgebräuchen als vor dem geiste des fremden werks ... der grundsätzliche irrtum des übertragenden ist dass er den zufälligen stand der eignen sprache festhält anstatt sie durch die fremde sprache gewaltig bewegen zu lassen. er muss zumal wenn er aus einer sehr fernen sprache überträgt auf die letzten elemente der sprache selbst wo wort bild ton in eins geht zurück dringen er muss seine sprache durch die fremde erweitern und vertiefen man hat keinen begriff in welchem masse das möglich ist bis zu welchem grade jede sprache sich verwandeln kann sprache von sprache fast nur wie mundart von mundart sich unterscheidet dieses aber nicht wenn man sie allzu leicht sondern gerade wenn man sie schwer genug nimmt.«

Wie weit eine Übersetzung dem Wesen dieser Form zu entsprechen vermag, wird objektiv durch die Übersetzbarkeit des Originals bestimmt. Je weniger Wert und Würde seine Sprache hat, je mehr es Mitteilung ist, desto weniger ist für die Übersetzung dabei zu gewinnen, bis das völlige Übergewicht jenes Sinnes, weit entfernt, der Hebel einer formvollen Übersetzung zu sein, diese vereitelt. Je höher ein Werk geartet ist, desto mehr bleibt es selbst in flüchtigster Berührung seines Sinnes noch übersetzbar. Dies gilt selbstverständlich nur von Originalen. Übersetzungen dagegen erweisen sich unübersetzbar nicht wegen der Schwere, sondern wegen der allzu großen Flüchtigkeit, mit welcher der Sinn an ihnen haftet. Hierfür wie in jeder andern wesentlichen Hinsicht stellen sich Hölderlins Übertragungen, besonders die der beiden Sophokleischen Tragödien, bestätigend dar. In ihnen ist die Harmonie der Sprachen so tief, daß der Sinn nur noch wie eine Äolsharfe vom Winde von der Sprache berührt wird. Hölderlins Übersetzungen sind Urbilder ihrer Form; sie verhalten sich auch zu den vollkommensten Übertragungen ihrer Texte als das Urbild zum Vorbild, wie es der Vergleich der Hölderlinschen und Borchardtschen Übersetzung der dritten pythischen Ode von Pindar zeigt. Eben darum wohnt in ihnen vor andern die ungeheure und ursprüngliche Gefahr aller Übersetzung: daß die Tore einer so erweiterten und durchwalteten Sprache zufallen und den Übersetzer ins Schweigen schließen. Die Sophokles-Übersetzungen waren Hölderlins letztes Werk. In ihnen stürzt der Sinn von Abgrund zu Abgrund, bis er droht in bodenlosen Sprachtiefen sich zu verlieren. Aber es gibt ein Halten. Es gewährt es jedoch kein Text außer dem heiligen, in dem der Sinn aufgehört hat, die Wasserscheide für die strömende Sprache und die strömende Offenbarung zu sein. Wo der Text unmittelbar, ohne vermittelnden Sinn, in seiner Wörtlichkeit der wahren Sprache, der Wahrheit oder der Lehre angehört, ist er übersetzbar schlechthin. Nicht mehr freilich um seinet-, sondern allein um der Sprachen willen. Ihm gegenüber ist so grenzenloses Vertrauen von der Übersetzung gefordert, daß spannungslos wie in jenem Sprache und Offenbarung so in dieser Wörtlichkeit und Freiheit in Gestalt der Interlinearversion sich vereinigen müssen. Denn in irgendeinem Grade enthalten alle großen Schriften, im höchsten aber die heiligen, zwischen den Zeilen ihre virtuelle Übersetzung. Die Interlinearversion des heiligen Textes ist das Urbild oder Ideal aller Übersetzung.

Erkenntniskritische Vorrede

⟨*Zum Ursprung des deutschen Trauerspiels*⟩

> Da im Wissen sowohl als in der Reflexion kein Ganzes zusammengebracht werden kann, weil jenem das Innre, dieser das Äußere fehlt, so müssen wir uns die Wissenschaft notwendig als Kunst denken, wenn wir von ihr irgend eine Art von Ganzheit erwarten. Und zwar haben wir diese nicht im Allgemeinen, im Überschwänglichen zu suchen, sondern, wie die Kunst sich immer ganz in jedem einzelnen Kunstwerk darstellt, so sollte die Wissenschaft sich auch jedesmal ganz in jedem einzelnen Behandelten erweisen.
>
> Johann Wolfgang von Goethe: *Materialien zur Geschichte der Farbenlehre*

Es ist dem philosophischen Schrifttum eigen, mit jeder Wendung von neuem vor der Frage der Darstellung zu stehen. Zwar wird es in seiner abgeschlossenen Gestalt Lehre sein, solche Abgeschlossenheit ihm zu leihen aber nicht in der Gewalt des bloßen Denkens. Philosophische Lehre beruht auf historischer Kodifikation. So ist sie denn auch more geometrico nicht zu beschwören. Wie deutlich es Mathematik belegt, daß die gänzliche Elimination des Darstellungsproblems, als welche jede streng sachgemäße Didaktik sich gibt, das Signum echter Erkenntnis ist, gleich bündig stellt sich ihr Verzicht auf den Bereich der Wahrheit, den die Sprachen meinen, dar. Was an den philosophischen Entwürfen Methode ist, das geht nicht auf in ihrer didaktischen Einrichtung. Und dies besagt nichts anderes, als daß ihnen eine Esoterik eignet, die abzulegen sie nicht vermögen, die zu verleugnen ihnen untersagt ist, die zu rühmen sie richten würde. Die Alternative der philosophischen Form, welche durch die Begriffe von der Lehre und von dem esoterischen Essay gestellt wird, ist's, die der Systembegriff des XIX. Jahrhunderts ignoriert. Soweit er die Philosophie bestimmt, droht diese einem Synkretismus sich zu bequemen, der die Wahrheit in einem zwischen Erkenntnissen gezogenen Spinnennetz einzufangen sucht als käme sie von draußen herzugeflogen. Aber ihr angelernter Universalismus bleibt weit entfernt, die didaktische Autorität der Lehre zu erreichen. Will die Philosophie nicht als vermittelnde Anleitung zum Erkennen, sondern als Darstellung der Wahrheit das Gesetz ihrer Form bewahren, so ist der Übung dieser ihrer Form, nicht aber ihrer Antizipation im System, Gewicht beizulegen. Diese Übung hat sich allen Epochen, denen die unumschreibliche Wesenheit des Wahren vor Augen stand, in einer Propädeutik aufgenötigt, die man mit dem scholastischen Terminus des Traktats darum ansprechen darf, weil er jenen wenn auch latenten Hinweis auf die Gegenstände der Theologie enthält, ohne welche der Wahrheit nicht gedacht werden kann. Traktate mögen lehrhaft zwar in ihrem Ton sein; ihrer innersten Haltung nach bleibt die Bündigkeit einer Unterweisung ihnen versagt, welche wie die Lehre aus eigener Autorität sich zu behaupten vermöchte. Nicht weniger entraten sie der Zwangsmittel des mathematischen Beweises. In ihrer kanonischen Form wird als einziges Bestandstück einer mehr fast erziehlichen als lehrenden Intention das autoritäre Zitat sich einfinden. Darstellung ist der Inbegriff ihrer Methode. Methode ist Umweg. Darstellung als Umweg – das ist denn der methodische Charakter des Traktats. Verzicht auf den unabgesetzten Lauf der Intention ist sein erstes Kennzeichen. Ausdauernd hebt das Denken stets von neuem an, umständlich geht es auf die Sache selbst zurück. Dies unablässige Atemholen ist die eigenste Daseinsform der Kontemplation. Denn indem sie den unterschiedlichen Sinnstufen bei der Betrachtung eines und desselben Gegenstandes folgt, empfängt sie den Antrieb ihres stets erneuten Einsetzens ebenso wie die Rechtfertigung ihrer intermittierenden Rhythmik. Wie bei der Stückelung in kapriziöse Teilchen die Majestät den Mosaiken bleibt, so bangt auch philosophische Betrachtung nicht um Schwung. Aus Einzelnem und Disparatem treten sie zusammen; nichts könnte mächtiger die transzendente Wucht, sei es des Heiligenbildes, sei's der Wahrheit lehren. Der Wert von Denkbruchstücken ist um so entscheidender, je minder sie unmittelbar an der Grundkonzeption sich zu messen vermögen und von ihm hängt der Glanz der Darstellung im gleichen Maße ab, wie der des Mosaiks von der Qualität des Glasflusses. Die Relation der mikrologischen Verarbeitung zum Maß des bildnerischen und des intellektuellen Ganzen spricht es aus, wie der Wahrheitsgehalt nur bei genauester Versenkung in die Einzelheiten eines Sachgehalts sich fassen läßt. Mosaik und Traktat gehören ihrer höchsten abendländischen Ausbildung nach dem Mittelalter an; was ihren Vergleich ermöglicht, ist echte Verwandtschaft.

Die Schwierigkeit, welche solcher Darstellung innewohnt, beweist nur, daß sie eine eigenbürtige prosaische Form ist. Während der Redende in Stimme und Mienenspiel die einzelnen Sätze, auch wo sie an sich selber nicht standzuhalten vermöchten, stützt und sie zu einem oft schwankenden und vagen Gedankengange zusammenfügt, als entwerfe er eine groß andeutende Zeichnung in einem einzigen Zuge, ist es der Schrift eigen, mit jedem Satze von neuem einzuhalten und anzuheben. Die kontemplative Darstellung hat dem mehr als jede andere zu folgen. Für sie ist es kein Ziel mitzureißen und zu begeistern. Nur wo sie in Stationen der Betrachtung den Leser einzuhalten nötigt, ist sie ihrer sicher. Je größer ihr Gegenstand, desto abgesetzter diese Betrachtung. Ihre prosaische Nüchternheit bleibt diesseits des gebietenden Lehrwortes die einzige philosophischer Forschung geziemende Schreibweise. – Gegenstand dieser Forschung sind die Ideen. Wenn Darstellung als eigentliche Methode des philosophischen Traktates sich behaupten will, so muß sie Darstellung der Ideen sein. Die Wahrheit, vergegenwärtigt im Reigen der dargestellten Ideen, entgeht jeder wie immer gearteten Projektion in den Erkenntnisbereich. Erkenntnis ist ein Haben. Ihr Gegenstand selbst bestimmt sich dadurch, daß er im Bewußtsein – und sei es transzendental – innegehabt werden muß. Ihm bleibt der Besitzcharakter. Diesem Besitztum ist Darstellung sekundär. Es existiert nicht bereits als ein Sich-Darstellendes. Gerade dies aber gilt von der Wahrheit. Methode, für die Erkenntnis ein Weg, den Gegenstand des Innehabens – und sei's durch die Erzeugung im Bewußtsein – zu gewinnen, ist für die Wahrheit Darstellung ihrer selbst und daher als Form mit ihr gegeben. Diese Form eignet nicht einem Zusammenhang im Bewußtsein, wie die Methodik der Erkenntnis es tut, sondern einem Sein. Immer wieder wird als eine der tiefsten Intentionen der Philosophie in ihrem Ursprung, der Platonischen Ideenlehre, sich der Satz erweisen, daß der Gegenstand der Erkenntnis sich nicht deckt mit der Wahrheit. Erkenntnis ist erfragbar, nicht aber die Wahrheit. Die Erkenntnis richtet sich auf das Einzelne, auf dessen Einheit aber nicht unmittelbar. Die Einheit der Erkenntnis – wenn anders sie bestünde – wäre vielmehr ein nur vermittelt, nämlich auf Grund der Einzelerkenntnisse und gewissermaßen durch deren Ausgleich, herstellbarer Zusammenhang, während im Wesen der Wahrheit die Einheit durchaus unvermittelt und direkte Bestimmung ist. Dieser Bestimmung als einer direkten ist es eigentümlich, nicht erfragt werden zu können. Wäre nämlich die integrale Einheit im Wesen der Wahrheit erfragbar, so müßte die Frage lauten, inwiefern auf sie die Antwort selbst schon gegeben sei in jeder denkbaren Antwort, mit der Wahrheit Fragen entspräche. Und wieder müßte vor der Antwort auf diese Frage die gleiche sich wiederholen, dergestalt, daß die Einheit der Wahrheit jeder Fragestellung entginge. Als Einheit im Sein und nicht als Einheit im Begriff ist die Wahrheit außer aller Frage. Während der Begriff aus der Spontaneität des Verstandes hervorgeht, sind die Ideen der Betrachtung gegeben. Die Ideen sind ein Vorgegebenes. So definiert die Sonderung der Wahrheit von dem Zusammenhange des Erkennens die Idee als Sein. Das ist die Tragweite der Ideenlehre für den Wahrheitsbegriff. Als Sein gewinnen Wahrheit und Idee jene höchste metaphysische Bedeutung, die das Platonische System ihnen nachdrücklich zuspricht.

Hierfür ist vor allem das »Symposion« dokumentarisch. Insbesondere enthält es zwei in diesem Zusammenhang entscheidende Aussagen. Es entwickelt die Wahrheit – das Reich der Ideen – als den Wesensgehalt der Schönheit. Es erklärt die Wahrheit für schön. Einsicht in die Platonische Auffassung vom Verhältnis der Wahrheit zur Schönheit ist nicht nur ein oberstes Anliegen jedes kunstphilosophischen Versuchs, sondern für die Bestimmung des Wahrheitsbegriffes selbst unersetzlich. Eine systemlogische Auffassung, welche in diesen Sätzen nur den altehrwürdigen Entwurf eines Panegyrikus auf die Philosophie sähe, würde damit sich unweigerlich vom Gedankenkreis der Ideenlehre scheiden. Dieser stellt vielleicht nirgends deutlicher als in den gedachten Behauptungen die Seinsweise der Ideen ins Licht. Von ihnen bedarf zunächst die zweite einer einschränkenden Erläuterung. Wenn die Wahrheit schön genannt wird, so ist dies im Zusammenhange des »Symposions« zu begreifen, das die Stufenfolgen der erotischen Begehrungen beschreibt. Eros – so muß verstanden werden – wird seinem ursprünglichen Bestreben nicht untreu, wenn er sein Sehnen auf die Wahrheit richtet; denn auch die Wahrheit ist schön. Sie ist es nicht sowohl an sich als für den Eros. Waltet doch das gleiche Verhältnis im menschlichen Lieben: der Mensch ist schön für den Liebenden, an sich ist er es nicht; und zwar deswegen, weil sein Leib in einer höheren Ordnung als der des Schönen sich darstellt. So auch die Wahrheit: schön ist sie nicht sowohl an sich als für den der sie sucht. Haftet ein Hauch von Relativität dem an, so ist nicht im entferntesten darum die Schönheit, die der Wahrheit eignen soll, ein metaphorisches Epitheton geworden. Das Wesen der Wahrheit als des sich darstellenden Ideenreiches verbürgt vielmehr, daß niemals die Rede von der Schönheit des Wahren beeinträchtigt werden kann. In der Wahrheit ist jenes darstellende Moment das Refugium der Schönheit überhaupt. So lange nämlich bleibt das Schöne scheinhaft, antastbar, als es sich frank und frei als solches einbekennt. Sein Scheinen, das verführt, solange es nichts will als scheinen, zieht die Verfolgung des Verstandes nach und läßt seine Unschuld einzig da erkennen, wo es an den Altar der Wahrheit flüchtet. Dieser Flucht folgt Eros, nicht Verfolger, sondern als Liebender; dergestalt, daß die Schönheit um ihres Scheines willen immer beide flieht: den Verständigen aus Furcht und aus Angst den Liebenden. Und nur dieser kann es bezeugen, daß Wahrheit nicht Enthüllung ist, die das Geheimnis vernichtet, sondern Offenbarung, die ihm gerecht wird. Ob Wahrheit dem Schönen gerecht zu werden vermag? diese Frage ist die innerste im »Symposion«. Platon beantwortet sie, indem er der Wahrheit es zuweist, dem Schönen das Sein zu verbürgen. In diesem Sinne also entwickelt er die Wahrheit als den Gehalt des Schönen. Nicht aber tritt er zutage in der Enthüllung, vielmehr erweist er sich in einem Vorgang den man gleichnisweise bezeichnen dürfte als das Aufflammen der in den Kreis der Ideen eintretenden Hülle, als eine Verbrennung des Werkes, in welcher seine Form zum Höhepunkt ihrer Leuchtkraft kommt. Diese Beziehung zwischen Wahrheit und Schönheit, die deutlicher als alles andere zeigt wie unterschieden Wahrheit von dem Gegenstande der Erkenntnis, den man ihr gleichzusetzen sich gewöhnt hat, ist enthält den Schlüssel des einfachen und dennoch unbeliebte Tatbestandes, der da in der Aktualität auch solcher philosophischer Systeme liegt, deren Erkenntnisgehalt längst die Beziehung zur Wissenschaft eingebüßt hat. Die großen Philo sophien stellen die Welt in der Ordnung der Ideen dar. De Fall ist die Regel, daß die begrifflichen Umrisse, in welche das geschah, längst brüchig geworden sind. Nichtsdestoweniger behaupten diese Systeme als Entwurf einer Weltbeschreibung wie Platon mit der Ideenlehre, Leibniz mit de Monadologie, Hegel mit der Dialektik sie gab, ihre Geltung Allen diesen Versuchen ist es nämlich eigen, ihren Sinn auc dann noch festzuhalten, ja sehr oft dann erst potenziert z entfalten, wenn sie statt auf die empirische Welt bezogen werden auf die der Ideen. Denn als Beschreibung einer Ordnung der Ideen sind diese Gedankenbildungen entsprungen. Je intensiver die Denker das Bild des Wirklichen in ihnen zu entwerfen trachteten, desto reicher mußten sie eine Begriffsordnung ausbilden, die bei dem späteren Interpreten der originären Darstellung der Ideenwelt als der im Grunde gemeinten zugute kommen mußte. Ist Übung im beschreibenden Entwurfe der Ideenwelt, dergestalt, daß die empirische von selber in sie eingeht und in ihr sich löst, die Aufgabe des Philosophen, so gewinnt er die erhobne Mitte zwischen dem Forscher und dem Künstler. Der letztere entwirft ein Bildchen der Ideenwelt und eben darum, weil er es als Gleichnis entwirft, in jeder Gegenwart ein endgültiges. Der Forscher disponiert die Welt zu der Zerstreuung im Bereiche der Idee, indem er sie von innen im Begriffe aufteilt. Ihn verbindet mit dem Philosophen Interesse am Verlöschen bloßer Empirie, den Künstler die Aufgabe der Darstellung. Allzu nahe hat eine landläufige Anschauung den Philosophen dem Forscher, und dem oft in der minderen Erscheinung, zugeordnet. Nirgends schien in der Aufgabe des Philosophen für Rücksicht auf die Darstellung ein Ort. Der Begriff des philosophischen Stils ist frei von Paradoxie. Er hat seine Postulate. Es sind: die Kunst des Absetzens im Gegensatz zur Kette der Deduktion; die Ausdauer der Abhandlung im Gegensatz zur Geste des Fragments; die Wiederholung der Motive im Gegensatz zum flachen Universalismus; die Fülle der gedrängten Positivität im Gegensatze zu negierender Polemik.

Daß die Wahrheit als Einheit und Einzigkeit sich darstellt, dazu wird ein lückenloser Deduktionszusammenhang der Wissenschaft mitnichten erfordert. Und doch ist gerade diese Lückenlosigkeit die einzige Form, in welcher die Systemlogik auf den Wahrheitsgedanken sich bezieht. Solch systematische Geschlossenheit hat mit der Wahrheit mehr nicht gemein als jede andere Darstellung, die sich in bloßen Erkenntnissen und Erkenntniszusammenhängen ihrer zu vergewissern sucht. Je peinlicher die Theorie der wissenschaftlichen Erkenntnis den Disziplinen nachgeht, desto unverkennbarer stellt deren methodische Inkohärenz sich dar. Mit jedem einzelwissenschaftlichen Bereiche führen neue und unableitbare Voraussetzungen sich ein, in jedem werden die Probleme der ihm vorgelagerten mit derselben Nachdrücklichkeit als gelöst betrachtet, mit der die Unabschließbarkeit ihrer Auflösung in anderem Zusammenhange behauptet wird[1]. Es ist einer der unphilosophischsten Züge jener Wissenschaftstheorie, die nicht von den einzelnen Disziplinen, sondern von vermeintlichen philosophischen Postulaten in ihren Untersuchungen ausgeht, diese Inkohärenz als akzidentiell zu betrachten. Allein es ist diese Diskontinuität der wissenschaftlichen Methode so weit entfernt, ein minderwertiges, vorläufiges Stadium der Erkenntnis zu bestimmen, daß sie vielmehr deren Theorie positiv fördern könnte, wenn nicht die Anmaßung sich dazwischen legte, in einem enzyklopädischen Umfassen der Erkenntnisse der Wahrheit, die sprunglose Einheit bleibt, habhaft zu werden. Nur dort, wo System in seinem Grundriß von der Verfassung der Ideenwelt selbst inspiriert ist, hat es Geltung. Die großen Gliederungen, welche nicht allein die Systeme, sondern die philosophische Terminologie bestimmen – die allgemeinsten: Logik, Ethik und Ästhetik –, haben denn auch nicht als Namen von Fachdisziplinen, sondern als Denkmale einer diskontinuierlichen Struktur der Ideenwelt ihre Bedeutung. – Die Phänomene gehen aber nicht integral in ihrem rohen empirischen Bestande, dem der Schein sich beimischt, sondern in ihren Elementen allein, gerettet, in das Reich der Ideen ein. Ihrer falschen Einheit entäußern sie sich, um aufgeteilt an der echten der Wahrheit teilzuhaben. In dieser ihrer Aufteilung unterstehen die Phänomene den Begriffen. Die sind es, welche an den Dingen die Lösung in die Elemente vollziehen. Die

1 cf. Emile Meyerson: De l'explication dans les sciences. 2 Bde. Paris 1921. Passim.

Unterscheidung in Begriffen ist über jedweden Verdacht zerstörerischer Spitzfindigkeit erhaben nur dort, wo sie auf jene Bergung der Phänomene in den Ideen, das Platonische τὰ φαινόμενα σώζειν es abgesehen hat. Durch ihre Vermittlerrolle leihen die Begriffe den Phänomenen Anteil am Sein der Ideen. Und eben diese Vermittlerrolle macht sie tauglich zu der anderen, gleich ursprünglichen Aufgabe der Philosophie, zur Darstellung der Ideen. Indem die Rettung der Phänomene vermittels der Ideen sich vollzieht, vollzieht sich die Darstellung der Ideen im Mittel der Empirie. Denn nicht an sich selbst, sondern einzig und allein in einer Zuordnung dinglicher Elemente im Begriff stellen die Ideen sich dar. Und zwar tun sie es als deren Konfiguration.

Der Stab von Begriffen, welcher dem Darstellen einer Idee dient, vergegenwärtigt sie als Konfiguration von jenen. Denn in Ideen sind die Phänomene nicht einverleibt. Sie sind in ihnen nicht enthalten. Vielmehr sind die Ideen deren objektive virtuelle Anordnung, sind deren objektive Interpretation. Wenn sie die Phänomene weder durch Einverleibung in sich enthalten, noch sich in Funktionen, in das Gesetz der Phänomene, in die ›Hypothesis‹ verflüchtigen, so entsteht die Frage, in welcher Art und Weise sie denn die Phänomene erreichen. Und zu erwidern ist darauf: in deren Repräsentation. Als solche gehört die Idee einem grundsätzlich anderen Bereiche an als das von ihr Erfaßte. Es kann also nicht als Kriterium ihres Bestandes aufgefaßt werden, ob sie das Erfaßte wie der Gattungsbegriff die Arten unter sich begreift. Denn das ist die Aufgabe der Idee nicht. Ein Vergleich mag deren Bedeutung darstellen. Die Ideen verhalten sich zu den Dingen wie die Sternbilder zu den Sternen. Das besagt zunächst: sie sind weder deren Begriffe noch deren Gesetze. Sie dienen nicht der Erkenntnis der Phänomene und in keiner Weise können diese Kriterien für den Bestand der Ideen sein. Vielmehr erschöpft sich die Bedeutung der Phänomene für die Ideen in ihren begrifflichen Elementen. Während die Phänomene durch ihr Dasein, ihre Gemeinsamkeit, ihre Differenzen Umfang und Inhalt der sie umfassenden Begriffe bestimmen, ist zu den Ideen insofern ihr Verhältnis das umgekehrte, als die Idee als objektive Interpretation der Phänomene – vielmehr ihrer Elemente – erst deren Zusammengehörigkeit zueinander bestimmt. Die Ideen sind ewige Konstellationen und indem die Elemente als Punkte in derartigen Konstellationen erfaßt werden, sind die Phänomene aufgeteilt und gerettet zugleich. Und zwar liegen jene Elemente, deren Auslösung aus den Phänomenen Aufgabe des Begriffes ist, in den Extremen am genauesten zutage. Als Gestaltung des Zusammenhanges, in dem das Einmalig-Extreme mit seinesgleichen steht, ist die Idee umschrieben. Daher ist es falsch, die allgemeinsten Verweisungen der Sprache als Begriffe zu verstehen, anstatt sie als Ideen zu erkennen. Das Allgemeine als ein Durchschnittliches darlegen zu wollen, ist verkehrt. Das Allgemeine ist die Idee. Das Empirische dagegen wird um so tiefer durchdrungen, je genauer es als ein Extremes eingesehen werden kann. Vom Extremen geht der Begriff aus. Wie die Mutter aus voller Kraft sichtlich erst da zu leben beginnt, wo der Kreis ihrer Kinder aus dem Gefühl ihrer Nähe sich um sie schließt, so treten die Ideen ins Leben erst, wo die Extreme sich um sie versammeln. Die Ideen – im Sprachgebrauche Goethes: Ideale – sind die faustischen Mütter. Sie bleiben dunkel, wo die Phänomene sich zu ihnen nicht bekennen und um sie scharen. Die Einsammlung der Phänomene ist die Sache der Begriffe und die Zerteilung, die sich kraft des unterscheidenden Verstandes in ihnen vollzieht, ist um so bedeutungsvoller, als in einem und demselben Vollzuge sie ein Doppeltes vollendet: die Rettung der Phänomene und die Darstellung der Ideen.

Die Ideen sind in der Welt der Phänomene nicht gegeben. Es entsteht also die Frage, welcher Art ihre oben berührte Gegebenheit ist, und ob die Überantwortung jeder Rechenschaft von der Struktur der Ideenwelt an eine vielberufene intellektuelle Anschauung unumgänglich ist. Wenn irgendwo die Schwäche, welche jede Esoterik der Philosophie mitteilt, beklemmend deutlich wird, so ist es in der ›Schau‹, die den Adepten von allen Lehren neuplatonischen Heidentums als philosophische Verhaltungsweise vorgeschrieben wird. Das Sein der Ideen kann als Gegenstand einer Anschauung überhaupt nicht gedacht werden, auch nicht der intellektuellen. Denn noch in ihrer paradoxesten Umschreibung, der als intellectus archetypus, geht sie aufs eigentümliche Gegebensein der Wahrheit, als welches jeder Art von Intention entzogen bleibt, geschweige daß sie selbst als Intention erschiene, in keine intentionale. Der Gegenstand der Erkenntnis als ein in der Begriffsintention bestimmter ist nicht die Wahrheit. Die Wahrheit ist ein aus Ideen gebildetes intentionsloses Sein. Das ihr gemäße Verhalten ist demnach nicht ein Meinen im Erkennen, sondern ein in sie Eingehen und Verschwinden. Die Wahrheit ist der Tod der Intention. Eben das kann ja die Fabel von einem verschleierten Bilde, zu Sais, besagen, mit dessen Enthüllung zusammenbricht, wer die Wahrheit zu erfragen gedachte. Nicht eine rätselhafte Gräßlichkeit des Sachverhalts ist's, die das bewirkt, sondern die Natur der Wahrheit, vor welcher auch das reinste Feuer des Suchens wie unter Wassern verlischt. Als ein Ideenhaftes ist das Sein der Wahrheit verschieden von der Seinsart der Erscheinungen. Also erfordert die Struktur der Wahrheit ein Sein, das an Intentionslosigkeit dem schlichten der Dinge gleicht, an Bestandhaftigkeit aber ihm überlegen wäre. Nicht als ein Meinen, welches durch die Empirie seine Bestimmung fände, sondern als die das Wesen dieser Empirie erst prägende Gewalt besteht die Wahrheit. Das aller Phänomenalität entrückte Sein, dem allein diese Gewalt eignet, ist das des Namens. Es bestimmt die Gegebenheit der Ideen. Gegeben aber sind sie nicht sowohl in einer Ursprache, denn in einem Urvernehmen, in welchem die Worte ihren benennenden Adel unverloren an die erkennende Bedeutung besitzen. »In einem gewissen Sinne darf man bezweifeln, ob Platons Lehre von den ›Ideen‹ möglich gewesen wäre, wenn nicht der Wortsinn dem nur seine Muttersprache kennenden Philosophen eine Vergöttlichung des Wortbegriffs, eine Vergöttlichung der Worte, nahegelegt hätte: Platons ›Ideen‹ sind im Grunde, wenn man sie einmal von diesem einseitigen Standpunkt beurteilen darf, nichts als vergöttlichte Worte und Wortbegriffe.«[2] Die Idee ist ein Sprachliches, und zwar im Wesen des Wortes jeweils dasjenige Moment, in welchem es Symbol ist. Im empirischen Vernehmen, in welchem die Worte sich zersetzt haben, eignet nun neben ihrer mehr oder weniger verborgenen symbolischen Seite ihnen eine offenkundige profane Bedeutung. Sache des Philosophen ist es, den symbolischen Charakter des Wortes, in welchem die Idee zur Selbstverständigung kommt, die das Gegenteil aller nach außen gerichteten Mitteilung ist, durch Darstellung in seinen Primat wieder einzusetzen. Dies kann, da die Philosophie offenbarend zu reden sich nicht anmaßen darf, durch ein aufs Urvernehmen allererst zurückgehendes Erinnern einzig geschehen. Die platonische Anamnesis steht dieser Erinnerung vielleicht nicht fern. Nur daß es nicht um eine anschauliche Vergegenwärtigung von Bildern sich handelt; vielmehr löst in der philosophischen Kontemplation aus dem Innersten der Wirklichkeit die Idee als das Wort sich los, das von neuem seine benennenden Rechte beansprucht. In solcher Haltung aber steht zuletzt nicht Platon, sondern Adam, der Vater der Menschen als Vater der Philosophie, da. Das adamitische Namengeben ist so weit entfernt Spiel und Willkür zu sein, daß vielmehr gerade in ihm der paradiesische Stand sich als solcher bestätigt, der mit der mitteilenden Bedeutung der Worte noch nicht zu ringen hatte. Wie die Ideen

---

2 Hermann Güntert: Von der Sprache der Götter und Geister. Bedeutungsgeschichtliche Untersuchungen zur homerischen und eddischen Göttersprache. Halle a. d. S. 1921. S. 49. – cf. Hermann Usener: Götternamen. Versuch einer Lehre von der religiösen Begriffsbildung. Bonn 1896. S. 321.

intentionslos im Benennen sich geben, so haben sie in philosophischer Kontemplation sich zu erneuern. In dieser Erneuerung stellt das ursprüngliche Vernehmen der Worte sich wieder her. Und so ist die Philosophie im Verlauf ihrer Geschichte, die so oft ein Gegenstand des Spottes gewesen ist, mit Grund ein Kampf um die Darstellung von einigen wenigen, immer wieder denselben Worten – von Ideen. Die Einführung neuer Terminologien, soweit sie nicht streng im begrifflichen Bereich sich hält, sondern auf die letzten Gegenstände der Betrachtung es absieht, ist daher innerhalb des philosophischen Bereichs bedenklich. Solche Terminologien – ein mißglücktes Benennen, an welchem das Meinen mehr Anteil hat als die Sprache – entraten der Objektivität, welche die Geschichte den Hauptprägungen der philosophischen Betrachtungen gegeben hat. Diese stehen, wie bloße Worte es nie vermögen, in vollendeter Isolierung für sich. Und so bekennen die Ideen das Gesetz, das da besagt: Alle Wesenheiten existieren in vollendeter Selbständigkeit und Unberührtheit, nicht von den Phänomenen allein, sondern zumal voneinander. Wie die Harmonie der Sphären auf den Umläufen der einander nicht berührenden Gestirne, so beruht der Bestand des mundus intelligibilis auf der unaufhebbaren Distanz zwischen den reinen Wesenheiten. Jede Idee ist eine Sonne und verhält sich zu ihresgleichen wie eben Sonnen zueinander sich verhalten. Das tönende Verhältnis solcher Wesenheiten ist die Wahrheit. Deren benannte Vielheit ist zählbar. Denn Diskontinuierlich keit gilt von den »Wesenheiten ...«, die ein von den Gegenständen und ihren Beschaffenheiten toto coelo verschiedenes Leben führen; deren Existenz sich dadurch nicht dialektisch erzwingen läßt, daß wir einen beliebigen, an einem Gegenstand uns begegnenden ... Komplex herausgreifen und hinzufügen: καθ' αὐτὸ, sondern deren Zahl gezählt ist und von denen jede einzelne an dem ihr zukommenden Orte ihrer Welt mühsam zu suchen ist, bis man auf sie stößt, als auf einen rocher de bronce, oder bis sich die Hoffnung auf ihre Existenz als trügerisch erweist«[3]. Nicht selten hat die Unkunde von dieser ihrer diskontinuierlichen Endlichkeit ener gische Versuche zur Erneuerung der Ideenlehre, zuletzt noch die der älteren Romantiker, gebrochen. In ihrem Spekulieren nahm die Wahrheit anstelle ihres sprachlichen Charakters den eines reflektierenden Bewußtseins an.

Das Trauerspiel im Sinn der kunstphilosophischen Abhandlung ist eine Idee. Von der literarhistorischen unterscheidet eine solche sich am auffallendsten darin, daß sie Einheit da voraussetzt, wo jener Mannigfaltigkeit zu erweisen obliegt. Die Differenzen und Extreme, welche die literarhistorische Analyse ineinander überführt und als Werdendes relativiert, erhalten in begrifflicher Entwicklung den Rang komplementärer Energien und die Geschichte erscheint nur als der farbige Rand einer kristallinischen Simultaneität. Notwendig werden der Kunstphilosophie die Extreme, virtuell der historische Ablauf. Umgekehrt ist das Extrem einer Form oder Gattung die Idee, die als solche in die Literaturgeschichte nicht eingeht. Trauerspiel als Begriff würde der Reihe ästhetischer Klassifikationsbegriffe sich problemlos einordnen. Anders verhält sich zum Bereich der Klassifikationen die Idee. Sie bestimmt keine Klasse und enthält jene Allgemeinheit, auf welcher im System der Klassifikationen die jeweilige Begriffsstufe ruht, die des Durchschnitts nämlich, nicht in sich. Es konnte auf die Dauer nicht verborgen bleiben, wie mißlich es infolgedessen um die Induktion in kunsttheoretischen Untersuchungen steht. Bei neueren Forschern setzt die kritische Ratlosigkeit ein. Gelegentlich seiner Untersuchung »Zum Phänomen des Tragischen« sagt Scheler: »Wie ... ist ... vorzugehen? Sollen wir uns allerhand Beispiele des Tragischen, d. h. allerhand Vorkommnisse und Geschehnisse, von denen Menschen den Eindruck des Tragischen aussagen, zusammenstellen und dann induktorisch fragen, was sie

---

3 Jean Hering: Bemerkungen über das Wesen, die Wesenheit und die Idee. In: Jahrbuch für Philosophie und phänomenologische Forschung 4 (1921), S. 522.

denn ›gemeinsam‹ haben? Das wäre eine Art induktorischer Methode, die auch experimentell unterstützt werden könnte. Indes dies würde uns noch weniger weiterführen als die Beobachtung unseres Ich, wenn Tragisches auf uns wirkt. Denn mit welchem Recht sollen wir den Aussagen der Leute das Vertrauen entgegenbringen, es sei auch tragisch, was sie so nennen?«[4] Es kann zu nichts führen, Ideen induktiv – ihrem ›Umfang‹ nach – aus der populären Redeweise bestimmen zu wollen, um sodann auf die Wesensergründung des umfänglich Fixierten auszugehen. Denn der Sprachgebrauch ist dem Philosophen zwar unschätzbar, wo er als Hinweisung auf Ideen, verfänglich aber, wo er in seiner Interpretation durch laxes Reden oder Denken als förmlicher Begriffsgrund hingenommen wird. Ja, dieser Sachverhalt erlaubt es auszusprechen, daß nur mit äußerster Zurückhaltung der Philosoph der Gepflogenheit landläufigen Denkens, die Worte, um ihrer desto besser sich zu versichern, zu Artbegriffen zu machen, sich nähern darf. Gerade die Kunstphilosophie ist dieser Suggestion nicht selten erlegen. Denn wenn – unter vielen ein drastisches Beispiel – die »Ästhetik des Tragischen« von Volkelt in ihre Untersuchungen Stücke von Holz oder Halbe im gleichen Sinne wie Dramen von Aischylos oder Euripides einbezieht, ohne auch nur zu fragen, ob das Tragische eine gegenwärtig überhaupt zu erfüllende Form oder aber eine geschichtlich gebundene sei, so liegt, aufs Tragische gesehen, in so verschiedenen Materien nicht Spannung, sondern tote Disparatheit vor. Bei der so entstehenden Häufung von Fakten, unter denen bald die ursprünglichen spröderen vom Wust der ansprechenden modernen verdeckt sind, kann der Untersuchung, die, um das ›Gemeinsame‹ zu ergründen, dieser Stapelei sich unterzog, nichts in Händen bleiben, als einige psychologische Daten, die in der Subjektivität, wenn nicht des Forschers so des gleichzeitigen Normalbürgers, das Verschiedengeartete durch die Gleichheit einer ärmlichen Reaktion zur Deckung bringen. In den Begriffen der Psycho-

---

4 Max Scheler: Vom Umsturz der Werte. Der Abhandlungen und Aufsätze 2., durchges. Aufl., 1. Bd. Leipzig 1919. S. 241.

logie läßt sich vielleicht eine Vielgestaltigkeit von Eindrücken wiedergeben, von der es belanglos bleibt, daß Kunstwerke sie hervorriefen, nicht aber das Wesen eines Kunstgebietes. Dies geschieht vielmehr in einer durchgebildeten Darlegung seines Formbegriffs, dessen metaphysischer Gehalt nicht sowohl im Inneren befindlich als wirkend zu erscheinen und wie das Blut den Körper zu durchpulsen hat.

Das Haften an der Vielgestaltigkeit auf der einen, die Gleichgültigkeit gegen das strenge Denken auf der anderen Seite sind stets die Bestimmungsgründe einer unkritischen Induktion gewesen. Immer handelt es sich um die Scheu vor konstitutiven Ideen – den universaliis in re – wie sie gelegentlich von Burdach mit besonderer Schärfe formuliert worden ist. »Ich habe versprochen, vom Ursprung des Humanismus zu reden, als sei er ein lebendiges Wesen, das als Ganzes irgendwo und irgendwann auf die Welt kam und als Ganzes dann weiter gewachsen ist... Wir verfahren dabei wie die sogenannten Realisten unter den Scholastikern des Mittelalters, die den allgemeinen Begriffen, den ›Universalien‹, Realität beilegten. In gleicher Weise setzen auch wir – hypostasierend wie die Mythologien der Urzeit – ein Wesen von einheitlicher Substanz und von voller Wirklichkeit und heißen es, als wäre es ein lebendiges Individuum, Humanismus. Wir sollten uns aber hier wie in unzähligen ähnlichen Fällen... darüber klar werden, daß wir einen abstrakten Hilfsbegriff nur erfinden, um unendliche Reihen mannigfaltiger geistiger Erscheinungen und recht verschiedener Persönlichkeiten uns übersichtlich und faßbar zu machen. Wir können das, nach einem Grundsatz menschlicher Wahrnehmung und Erkenntnis, nur dadurch erreichen, daß wir gewisse Eigentümlichkeiten, die in diesen Reihen von Varietäten uns ähnlich oder übereinstimmend erscheinen, aus dem uns angeborenen systematischen Bedürfnis schärfer sehen und stärker betonen als die Unterschiede... Diese Marken Humanismus oder Renaissance sind willkürlich, ja irrig, weil sie diesem vielquelligen, vielgestaltigen, vielgeistigen Leben den falschen Schein einer realen

Wesenseinheit geben. Und ebenso eine willkürliche, ja irreführende Maske ist der seit Burckhardt und Nietzsche vielbeliebte ›Renaissancemensch‹.«[5] Eine Anmerkung des Autors zu dieser Stelle lautet: »Das üble Gegenstück des unausrottbaren ›Renaissancemenschen‹ ist ›der gotische Mensch‹, der heute eine verwirrende Rolle spielt und selbst in der Gedankenwelt bedeutender, verehrungswürdiger Geschichtsforscher (E. Troeltsch!) sein gespenstisches Wesen treibt. Dazu tritt dann noch ›der barocke Mensch‹, als welcher uns z. B. Shakespeare vorgestellt wird.«[6] Diese Stellungnahme ist soweit sie gegen die Hypostasierung von Allgemeinbegriffen geht – nicht in allen Fassungen gehören die Universalien zu denen – in ihrem Recht evident. Aber sie versagt gänzlich vor den Fragen einer platonisch auf Darstellung der Wesenheiten gerichteten Wissenschaftstheorie, deren Notwendigkeit sie verkennt. Einzig und allein diese vermag die Sprachform der wissenschaftlichen Darlegungen, wie sie sich außerhalb des Mathematischen bewegen, vor der grenzenlosen und jede noch so subtile Induktionsmethodik zuletzt in ihren Strudel ziehenden Skepsis zu bewahren, der Burdachs Ausführungen nicht begegnen können. Denn sie sind eine private reservatio mentalis, keine methodische Sicherung. Was insbesondere historische Typen und Epochen angeht, so wird man zwar niemals annehmen dürfen, Ideen wie die der Renaissance oder des Barock vermöchten den Stoff begrifflich zu bewältigen, und die Meinung, eine moderne Einsicht in die verschiedenen Geschichtsperioden lasse sich in etwaigen polemischen Auseinandersetzungen beglaubigen, in denen als an den großen Wendepunkten die Epochen gleichsam mit offenem Visier einander begegneten, würde den Gehalt der Quellen verkennen, der von aktualen Interessen nicht von historiographischen Ideen bestimmt zu sein pflegt. Was aber solche Namen als Begriffe nicht vermögen, leisten sie als Ideen, in

---

5 Konrad Burdach: Reformation, Renaissance, Humanismus. Zwei Abhandlungen über die Grundlage moderner Bildung und Sprachkunst. Berlin 1918. S. 100 ff.
6 Burdach l. c. S. 213 (Anm.).

denen nicht das Gleichartige zur Deckung, wohl aber das Extreme zur Synthese gelangt. Unbeschadet dessen, daß auch begriffliche Analysis nicht unter allen Umständen auf gänzlich auseinanderfallende Erscheinungen stößt und gelegentlich der Umriß einer Synthese in ihr sichtbar wenn auch nicht legitimiert zu werden vermag. So hat gerade vom literarischen Barock, in dem das deutsche Trauerspiel entsprungen ist, Strich mit Recht bemerkt, »daß die Gestaltungsprinzipien durch das ganze Jahrhundert die gleichen geblieben sind«[7].

Burdachs kritische Reflexion ist nicht sowohl im Gedanken an eine positive Revolution der Methode als aus der Besorgnis vor sachlichen Irrtümern im einzelnen vorgetragen. Es darf sich aber letzten Endes die Methodik keinesfalls von bloßen Befürchtungen sachlicher Unzulänglichkeit geleitet, negativ und als ein Warnungskanon präsentieren. Vielmehr muß sie von Anschauungen höherer Ordnung ausgehen als der Gesichtspunkt eines wissenschaftlichen Verismus sie darbietet. Der muß dann notwendig beim einzelnen Problem auf diejenigen Fragen echter Methodik stoßen, die er in seinem wissenschaftlichen Credo ignoriert. Regelmäßig wird deren Lösung über eine Revision der Fragestellung führen, die in der Erwägung formulierbar ist, wie die Frage: Wie es denn eigentlich gewesen sei? sich wissenschaftlich nicht sowohl beantworten als vielmehr stellen lasse. Mit dieser im Vorstehenden vorbereiteten, im folgenden abzuschließenden Erwägung allererst entscheidet sich, ob die Idee eine unerwünschte Abbreviatur ist oder in ihrem sprachlichen Ausdruck den wahren wissenschaftlichen Gehalt vielmehr begründet. Eine Wissenschaft, die sich im Protest gegen die Sprache ihrer Untersuchungen ergeht, ist ein Unding. Worte sind, neben den Zeichen der Mathematik, das einzige Darstellungsmedium der Wissenschaft und sie selber sind keine Zeichen. Denn im Begriff, als wel-

---

7 Fritz Strich: Der lyrische Stil des siebzehnten Jahrhunderts. In: Abhandlungen zur deutschen Literaturgeschichte. Franz Muncker zum 60. Geburtstage dargebracht von Eduard Berend [u. a.]. München 1916. S. 52.

chem freilich das Zeichen entspräche, depotenziert sich eben dasselbe Wort, das als Idee sein Wesenhaftes besitzt. Der Verismus, in dessen Dienst die induktive Methode der Kunsttheorie sich stellt, wird dadurch nicht geadelt, daß am Ende die diskursiven und induktorischen Fragestellungen zu einer »Anschauung«[8] zusammentreten, welche, wie R. M. Meyer mit vielen andern wähnt, als Synkretismus mannigfaltigster Methoden zu runden sich vermöge. Damit steht man wie mit allen naiv-realistischen Umschreibungen der Methodenfrage wieder am Anfang. Denn eben die Anschauung soll ja gedeutet werden. Und das Bild der induzierenden ästhetischen Forschungsweise zeigt die gewohnte trübe Farbe auch hier, indem diese Anschauung nicht die in der Idee gelöste der Sache ist, sondern die subjektiver, in das Werk hineinprojizierter Zustände des Aufnehmenden, auf welche die von R. M. Meyer als Schlußstück seiner Methode gedachte Einfühlung hinausläuft. Diese Methode, als konträrer Gegensatz der im Verlaufe dieser Untersuchung anzuwendenden, »sieht die Kunstform des Dramas und wieder der Tragödie oder Komödie und weiter etwa des Charakter- und des Situationslustspiels als gegebene Größen an, mit denen sie rechnet. Nun sucht sie aus der Vergleichung hervorragender Vertreter jeder Gattung Regeln und Gesetze zu gewinnen, an denen das einzelne Produkt zu messen sei. Und wiederum aus der Vergleichung der Gattungen erstrebt sie allgemeine Kunstgesetze, die für jedes Werk gelten sollen.«[9] Die kunstphilosophische ›Deduktion‹ der Gattung würde hiernach auf induktorischem Verfahren verbunden mit dem abstrahierenden beruhen und eine Abfolge dieser Gattungen und Arten deduktiv nicht sowohl gewonnen als im Schema der Deduktion vorgeführt werden.

8 Richard M[oritz] Meyer: Über das Verständnis von Kunstwerken. In: Neue Jahrbücher für das klassische Altertum, Geschichte und deutsche Litteratur 4 (1901) (= Neue Jahrbücher für das klassische Altertum, Geschichte und deutsche Litteratur und für Pädagogik 7). S. 378.
9 Meyer l. c. S. 372.

Während die Induktion die Ideen zu Begriffen durch den Verzicht auf ihre Gliederung und Anordnung herabwürdigt, vollzieht die Deduktion das gleiche durch deren Projizierung in ein pseudo-logisches Kontinuum. Das philosophische Gedankenreich entspinnt sich nicht in der ununterbrochenen Linienführung begrifflicher Deduktionen, sondern in einer Beschreibung der Ideenwelt. Ihre Durchführung setzt mit jeder Idee von neuem als einer ursprünglichen an. Denn die Ideen bilden eine unreduzierbare Vielheit. Als gezählte – eigentlich aber benannte – Vielheit sind die Ideen der Betrachtung gegeben. Von hier aus ist dem deduzierten Gattungsbegriff der Kunstphilosophie die vehemente Kritik durch Benedetto Croce erwachsen. Mit Recht erblickt er in der Klassifikation als dem Gerüst spekulativer Deduktionen die Grundlage einer oberflächlich schematisierenden Kritik. Und während Burdachs Nominalismus der historischen Epochenbegriffe, sein Widerstand, die Fühlung mit dem Faktum im geringsten zu lockern, auf die Furcht, vom Richtigen sich zu entfernen, zurückdeutet, führt ein durchaus analoger Nominalismus der ästhetischen Gattungsbegriffe bei Croce, ein analoges Festhalten am Einzelnen, auf die Besorgnis zurück, mit der Entfernung von ihm des Wesenhaften schlechtweg verlustig zu gehen. Gerade das ist mehr als alles andere angetan, den wahren Sinn ästhetischer Gattungsnamen ins rechte Licht zu setzen. Der »Grundriß der Ästhetik« rügt das Vorurteil »von der Möglichkeit, mehrere oder viele besondere Kunstformen zu unterscheiden, von denen jede in ihrem besonderen Begriff und in ihren Grenzen bestimmbar und mit eigenen Gesetzen versehen ist ... Viele Ästhetiker verfassen noch immer Schriften über die Ästhetik des Tragischen oder des Komischen oder der Lyrik oder des Humors und Ästhetiken der Malerei oder der Musik oder der Dichtkunst ...; aber was schlimmer ist, ... die Kritiker haben bei der Beurteilung der Kunstwerke noch nicht völlig die Gewohnheit abgelegt, sie an der Gattung oder der besonderen Kunst, der sie nach ihrer Meinung angehören, zu messen.«[10] »Jede beliebige Theorie der Teilung der Künste ist unbegründet. Die Gattung oder die Klasse ist in diesem Fall eine einzige, die Kunst selbst oder die Intuition, während die einzelnen Kunstwerke im übrigen zahllos sind: alle original, keines ins andere übersetzbar ... Zwischen das Universale und das Besondere schiebt sich in philosophischer Betrachtung kein Zwischenelement ein, keine Reihe von Gattungen oder Arten, von ›generalia‹.«[11] Diese Darlegung hat den Begriffen ästhetischer Gattungen gegenüber volles Gewicht. Aber sie bleibt auf halbem Wege stehen. Denn so ersichtlich eine Aufreihung von Kunstwerken, die es aufs Gemeinsame abstellt, ein müßiges Unternehmen ist, wo es sich nicht um historische oder stilistische Beispielsammlungen, sondern um deren Wesentliches handelt, so undenkbar bleibt, daß die Kunstphilosophie ihrer reichsten Ideen wie der des Tragischen oder des Komischen sich entäußere. Denn das und nicht Inbegriffe von Regeln, nein, selber einem jeden Drama an Dichtigkeit und an Realität zumindest ebenbürtige Gebilde, die gar nicht ihm kommensurabel sind. So erheben sie denn keinerlei Anspruch, eine Anzahl gegebener Dichtungen auf Grund irgendwelcher Gemeinsamkeiten ›unter‹ sich zu begreifen. Denn auch wenn es die reine Tragödie, das reine komische Drama, das nach ihnen benannt werden dürfte, nicht geben sollte, mögen diese Ideen Bestand haben. Dazu hat eine Untersuchung ihnen zu verhelfen, die nicht in ihrem Ausgangspunkt an alles dasjenige, was je als tragisch oder komisch mag bezeichnet worden sein, sich bindet, sondern nach Exemplarischem sich umsieht, und sollte sie auch nur einem versprengten Bruchstück diesen Cha-

10 Benedetto Croce: Grundriß der Ästhetik. Vier Vorlesungen. Autorisierte deutsche Ausg. von Theodor Poppe. Leipzig 1913. (Wissen und Forschen. 5.) S. 43.
11 Croce l. c. S. 46.

rakter zubilligen können. ›Maßstäbe‹ für den Rezensenten fördert sie so nicht. Kritik, sowie Kriterien einer Terminologie, das Probestück der philosophischen Ideenlehre von der Kunst, bilden sich nicht unter dem äußeren Maßstab des Vergleiches, sondern immanent, in einer Entwicklung der Formensprache des Werks, die deren Gehalt auf Kosten ihrer Wirkung heraustreibt. Dazu kommt, daß gerade die bedeutenden Werke, sofern in ihnen nicht erstmalig und gleichsam als Ideal die Gattung erscheint, außerhalb von Grenzen der Gattung stehen. Ein bedeutendes Werk – entweder gründet es die Gattung oder hebt sie auf und in den vollkommenen vereinigt sich beides.

In der Unmöglichkeit einer deduktiven Entwicklung der Kunstformen, in der damit gesetzten Entkräftung der Regel als kritischer Instanz – eine Instanz der künstlerischen Unterweisung wird sie immer bleiben –, ist Grund zu einer fruchtbaren Skepsis gelegt. Sie ist dem tiefen Atemholen des Gedankens zu vergleichen, nach dem er ans Geringste sich mit Muße und ohne die Spur einer Beklemmung zu verlieren vermag. Vom Geringsten wird nämlich überall dort die Rede sein, wo die Betrachtung sich in Werk und Form der Kunst versenkt, um ihren Gehalt zu ermessen. Die Hast, die sich an ihnen mit dem Griffe übt, mit dem man fremdes Eigentum verschwinden läßt, ist Routinierten eigen und um nichts besser als die Bonhomie des Banausen. Für die wahre Kontemplation dagegen verbindet sich die Abkehr vom deduktiven Verfahren mit einem immer weiter ausholenden, immer inbrünstigern Zurückgreifen auf die Phänomene, die niemals in Gefahr geraten, Gegenstände eines trüben Staunens zu bleiben, solange ihre Darstellung zugleich die der Ideen und darin erst ihr Einzelnes gerettet ist. Selbstverständlich ist der Radikalismus, der die ästhetische Terminologie einer Anzahl ihrer besten Prägungen berauben, die Kunstphilosophie zum Schweigen bringen würde, auch für Croce nicht letztes Wort. Vielmehr heißt es: »Wenn man den theoretischen Wert der abstrakten Klassifikation leugnet, so heißt das nicht den theoretischen Wert jener genetischen und konkreten Klassifikation leugnen, die übrigens nicht ›Klassifikation‹ ist, die vielmehr Geschichte genannt wird.«[12] Mit diesem dunklen Satze streift der Autor, nur leider allzusehr beeilt, den Kern der Ideenlehre. Ihn läßt ein Psychologismus, der seine Bestimmung der Kunst als ›Ausdruck‹ durch eine andere, als ›Intuition‹, zersetzt, das nicht gewahren. Es bleibt ihm verschlossen, wie die von ihm als ›genetische Klassifikation‹ bezeichnete Betrachtung mit einer Ideenlehre von den Kunstarten im Problem des Ursprungs übereinkommt. Ursprung, wiewohl durchaus historische Kategorie, hat mit Entstehung dennoch nichts gemein. Im Ursprung wird kein Werden des Entsprungenen, vielmehr dem Werden und Vergehen Entspringendes gemeint. Der Ursprung steht im Fluß des Werdens als Strudel und reißt in seine Rhythmik das Entstehungsmaterial hinein. Im nackten offenkundigen Bestand des Faktischen gibt das Ursprüngliche sich niemals zu erkennen, und einzig einer Doppeleinsicht steht seine Rhythmik offen. Sie will als Restauration, als Wiederherstellung einerseits, als eben darin Unvollendetes, Unabgeschlossenes andererseits erkannt sein. In jedem Ursprungsphänomen bestimmt sich die Gestalt, unter welcher immer wieder eine Idee mit der geschichtlichen Welt sich auseinandersetzt, bis sie in der Totalität ihrer Geschichte vollendet daliegt. Also hebt sich der Ursprung aus dem tatsächlichen Befunde nicht heraus, sondern er betrifft dessen Vor- und Nachgeschichte. Die Richtlinien der philosophischen Betrachtung sind in der Dialektik, die dem Ursprung beiwohnt, aufgezeichnet. Aus ihr erweist in allem Wesenhaften Einmaligkeit und Wiederholung durcheinander sich bedingt. Die Kategorie des Ursprungs ist also nicht, wie Cohen meint[13], eine rein logische, sondern historisch. Das Hegelsche ›Desto schlimmer für die

12 Croce l. c. S. 48.
13 cf. Hermann Cohen: Logik der reinen Erkenntnis. (System der Philosophie. 1.) 2. Aufl., Berlin 1914. S. 35/36.

Tatsachen‹ ist bekannt. Im Grunde will es besagen: die Einsicht in die Wesenszusammenhänge liegt beim Philosophen und Wesenszusammenhänge bleiben was sie sind, auch wenn sie sich in der Welt der Fakten rein nicht ausprägen. Diese echt idealistische Haltung erkauft ihre Sicherheit, indem sie das Kernstück der Ursprungsidee preisgibt. Denn jeder Ursprungsnachweis muß vorbereitet auf die Frage nach der Echtheit des Aufgewiesenen sein. Kann er sich als echt nicht beglaubigen, so trägt er seinen Titel zu Unrecht. Mit dieser Überlegung scheint für die höchsten Gegenstände der Philosophie die Unterscheidung der quaestio juris von der quaestio facti aufgehoben. Das ist unbestreitbar und unvermeidlich. Die Folgerung jedoch ist nicht, daß unverzüglich jedes frühe ›Faktum‹ als wesenprägendes Moment zu nehmen wäre. Vielmehr beginnt die Aufgabe des Forschers hier, der ein solches Faktum dann erst für gesichert zu halten hat, wenn seine innerste Struktur so wesenhaft erscheint, daß sie als einen Ursprung es verrät. Das Echte – jenes Ursprungssiegel in den Phänomenen – ist Gegenstand der Entdeckung, einer Entdeckung, die in einzigartiger Weise sich mit dem Wiedererkennen verbindet. Im Singulärsten und Verschrobensten der Phänomene, in den ohnmächtigsten und unbeholfensten Versuchen sowohl wie in den überreifen Erscheinungen der Spätzeit vermag Entdeckung es zu Tag zu fördern. Nicht um Einheit aus ihnen zu konstruieren, geschweige ein Gemeinsames aus ihnen abzuziehen, nimmt die Idee die Reihe historischer Ausprägungen auf. Zwischen dem Verhältnis des Einzelnen zur Idee und zum Begriff findet keine Analogie statt: hier fällt es unter den Begriff und bleibt was es war – Einzelheit: dort steht es in der Idee und wird was es nicht war – Totalität. Das ist seine platonische ›Rettung‹.

Die philosophische Geschichte als die Wissenschaft vom Ursprung ist die Form, die da aus den entlegenen Extremen, den scheinbaren Exzessen der Entwicklung die Konfiguration der Idee als der durch die Möglichkeit eines sinnvollen Nebeneinanders solcher Gegensätze gekennzeichneten Totalität heraustreten läßt. Die Darstellung einer Idee kann unter keinen Umständen als geglückt betrachtet werden, solange virtuell der Kreis der in ihr möglichen Extreme nicht abgeschritten ist. Das Abschreiten bleibt virtuell. Denn das in der Idee des Ursprungs Ergriffene hat Geschichte nur noch als einen Gehalt, nicht mehr als ein Geschehn, von dem es betroffen würde. Innen erst kennt es Geschichte, und zwar nicht mehr im uferlosen, sondern in dem aufs wesenhafte Sein bezogenen Sinne, der sie als dessen Vor- und Nachgeschichte zu kennzeichnen gestattet. Die Vor- und Nachgeschichte solcher Wesen ist, zum Zeichen ihrer Rettung oder Einsammlung in das Gehege der Ideenwelt, nicht reine, sondern natürliche Geschichte. Das Leben der Werke und Formen, das in diesem Schutze allein sich klar und ungetrübt vom menschlichen entfaltet, ist ein natürliches Leben[14]. Ist dies gerettete Sein in der Idee festgestellt, so ist die Präsenz der uneigentlichen nämlich naturhistorischen Vor- sowie Nachgeschichte virtuell. Sie ist nicht mehr pragmatisch wirklich, sondern, als die natürliche Historie, am vollendeten und zur Ruhe gekommenen Status, der Wesenheit, abzulesen. Damit bestimmt die Tendenz aller philosophischen Begriffsbildung sich neu in dem alten Sinn: das Werden der Phänomene festzustellen in ihrem Sein. Denn der Seinsbegriff der philosophischen Wissenschaft ersättigt sich nicht am Phänomen, sondern erst an der Aufzehrung seiner Geschichte. Die Vertiefung der historischen Perspektive in dergleichen Untersuchungen kennt, sei es ins Vergangene oder ins Künftige, prinzipiell keine Grenzen. Sie gibt der Idee das Totale. Deren Bau, wie die Totalität sie im Kontrast zu der ihr unveräußerlichen Isolierung prägt, ist monadologisch. Die Idee ist Monade. Das Sein, das da mit Vor- und Nachgeschichte in sie eingeht, gibt in der eigenen verborgen die verkürzte und verdunkelte

---

14 Walter Benjamin: Die Aufgabe des Übersetzers. In: Charles Baudelaire: Tableaux parisiens. Deutsche Übertragung mit einem Vorwort von Walter Benjamin. Heidelberg 1923. (Die Drucke des Argonautenkreises. 5.) S. VIII/IX.

Figur der übrigen Ideenwelt, so wie bei den Monaden der »Metaphysischen Abhandlung« von 1686 in einer jeweils alle andern undeutlich mitgegeben sind. Die Idee ist Monade – in ihr ruht prästabiliert die Repräsentation der Phänomene als in deren objektiver Interpretation. Je höher geordnet die Ideen desto vollkommener die in ihnen gesetzte Repräsentation. Und so könnte denn wohl die reale Welt in dem Sinne Aufgabe sein, daß es gelte, derart tief in alles Wirkliche zu dringen, daß eine objektive Interpretation der Welt sich drin erschlösse. Von der Aufgabe einer derartigen Versenkung aus betrachtet erscheint es nicht rätselhaft, daß der Denker der Monadologie der Begründer der Infinitesimalrechnung war. Die Idee ist Monade – das heißt in Kürze: jede Idee enthält das Bild der Welt. Ihrer Darstellung ist zur Aufgabe nichts Geringeres gesetzt, als dieses Bild der Welt in seiner Verkürzung zu zeichnen.

Über das mimetische Vermögen

Die Natur erzeugt Ähnlichkeiten. Man braucht nur an die Mimikry zu denken. Die höchste Fähigkeit im Produzieren von Ähnlichkeiten aber hat der Mensch. Die Gabe, Ähnlichkeit zu sehen, die er besitzt, ist nichts als ein Rudiment des ehemals gewaltigen Zwanges, ähnlich zu werden und sich zu verhalten. Vielleicht besitzt er keine höhere Funktion, die nicht entscheidend durch mimetisches Vermögen mitbedingt ist.

Dieses Vermögen hat aber eine Geschichte, und zwar im phylogenetischen so gut wie im ontogenetischen Sinne. Was letzteren angeht, ist das Spiel in vielem seine Schule. Das Kinderspiel ist überall durchzogen von mimetischen Verhaltungsweisen; und ihr Bereich ist keineswegs auf das beschränkt, was wohl ein Mensch dem anderen nachmacht. Das Kind spielt nicht nur Kaufmann oder Lehrer sondern auch Windmühle und Eisenbahn. Was bringt ihm diese Schulung des mimetischen Vermögens eigentlich für einen Nutzen?

Die Antwort setzt die Einsicht in die phylogenetische Bedeutung des mimetischen Vermögens voraus. Dabei ist es nun nicht genug, an das zu denken, was wir heutzutage in dem Begriff der Ähnlichkeit erfassen. Bekanntlich war der Lebenskreis, der ehemals von dem Gesetz der Ähnlichkeit durchwaltet schien, umfassend; im Mikrokosmos wie im Makrokosmos regierte sie. Jene natürlichen Korrespondenzen aber erhalten erst ihr eigentliches Gewicht mit der Erkenntnis, daß sie samt und sonders Stimulantien und Erwecker des mimetischen Vermögens sind, welches im Menschen ihnen Antwort gibt. Dabei ist zu bedenken, daß weder die mimetischen Kräfte, noch die mimetischen Objekte, oder Gegenstände, im Laufe der Jahrtausende die gleichen blieben. Vielmehr ist anzunehmen, daß die Gabe, Ähnlichkeiten hervorzubringen – zum Beispiel in den Tänzen, deren

älteste Funktion das ist – und daher auch die Gabe, solche zu erkennen, sich im Wandel der Geschichte verändert hat.
Die Richtung dieser Änderung scheint durch die wachsende Hinfälligkeit des mimetischen Vermögens bestimmt zu sein. Denn offenbar enthält die Merkwelt des modernen Menschen von jenen magischen Korrespondenzen und Analogien, welche den alten Völkern geläufig waren, nur noch geringe Rückstände. Die Frage ist, ob es sich dabei um den Verfall dieses Vermögens oder aber um dessen Transformierung handelt. In welcher Richtung eine solche aber liegen könnte, darüber läßt sich, wenn auch indirekt, einiges der Astrologie entnehmen.
Man muß grundsätzlich damit rechnen, daß in einer entlegeneren Vergangenheit zu den Vorgängen, die als nachahmbar betrachtet wurden, auch die am Himmel zählten. Im Tanz, in anderen kultischen Veranstaltungen, konnte so eine Nachahmung erzeugt, so eine Ähnlichkeit gehandhabt werden. Wenn aber wirklich das mimetische Genie eine lebensbestimmende Kraft der Alten gewesen ist, dann ist es nicht schwer vorzustellen, daß im Vollbesitz dieser Gabe, insbesondere in vollendeter Anbildung an die kosmische Seinsgestalt, das Neugeborene gedacht wurde.
Der Hinweis auf den astrologischen Bereich mag einen ersten Anhaltspunkt für das gewähren, was unter dem Begriff einer unsinnlichen Ähnlichkeit zu verstehen ist. In unserem Dasein findet sich zwar nicht mehr, was einmal möglich machte, von einer solchen Ähnlichkeit zu sprechen, vor allem: sie hervorzurufen. Jedoch auch wir besitzen einen Kanon, nach dem das, was unsinnliche Ähnlichkeit bedeutet, sich einer Klärung näherführen läßt. Und dieser Kanon ist die Sprache.
Von jeher hat man dem mimetischen Vermögen einigen Einfluß auf die Sprache zugebilligt. Jedoch geschah das ohne Grundsatz: ohne daß dabei an eine fernere Bedeutung, geschweige denn Geschichte des mimetischen Vermögens wäre gedacht worden. Vor allem aber blieben solche Überlegungen aufs engste an den geläufigen, sinnlichen Bereich der Ähn-

lichkeit gebunden. Immerhin hat man nachahmendem Verhalten bei der Sprachentstehung unterm Namen des Onomatopoetischen einen Platz gegeben. Wenn nun die Sprache, wie es auf der Hand liegt, nicht ein verabredetes System von Zeichen ist, so wird man immer wieder auf Gedanken zurückgreifen müssen, wie sie in ihrer primitivsten Form als onomatopoetische Erklärungsweise auftreten. Die Frage ist: kann diese ausgebildet und einer besseren Einsicht angeglichen werden?

»Jedes Wort ist – und die ganze Sprache«, so hat man wohl behauptet, »ist – onomatopoetisch.« Schwer, auch nur das Programm zu präzisieren, welches in diesem Satze liegen könnte. Indessen bietet der Begriff der unsinnlichen Ähnlichkeit gewisse Handhaben. Ordnet man nämlich Wörter der verschiedenen Sprachen, die ein Gleiches bedeuten, um jenes Bedeutete als ihren Mittelpunkt, so wäre zu erforschen, wie sie alle – die miteinander oft nicht die geringste Ähnlichkeit besitzen mögen – ähnlich jenem Bedeuteten in ihrer Mitte sind. Jedoch ist diese Art von Ähnlichkeit nicht nur an den Verhältnissen der Wörter für Gleiches in den verschiedenen Sprachen zu erläutern. Wie sich denn überhaupt die Überlegung nicht aufs gesprochene Wort beschränken kann. Sie hat es vielmehr ganz genau so sehr mit dem geschriebenen zu tun. Und da ist es beachtenswert, daß dieses – in manchen Fällen vielleicht prägnanter als das gesprochene – durch das Verhältnis seines Schriftbildes zu dem Bedeuteten das Wesen der unsinnlichen Ähnlichkeit erhellt. Kurz, es ist unsinnliche Ähnlichkeit, die die Verspannungen nicht nur zwischen dem Gesprochenen und Gemeinten sondern auch zwischen dem Geschriebenen und Gemeinten und gleichfalls zwischen dem Gesprochenen und Geschriebenen stiftet.

Die Graphologie hat gelehrt, in den Handschriften Bilder zu erkennen, die das Unbewußte des Schreibers darinnen versteckt. Es ist anzunehmen, daß der mimetische Vorgang, welcher dergestalt in der Aktivität des Schreibenden zum Ausdruck kommt, in sehr entrückten Zeiten als die Schrift entstand, von größter Bedeutung für das Schreiben gewesen ist. Die Schrift ist so, neben der Sprache, ein Archiv unsinnlicher Ähnlichkeiten, unsinnlicher Korrespondenzen geworden.

Diese Seite der Sprache wie der Schrift läuft aber nicht beziehungslos neben der anderen, der semiotischen einher. Alles Mimetische der Sprache kann vielmehr, der Flamme ähnlich, nur an einer Art von Träger in Erscheinung treten. Dieser Träger ist das Semiotische. So ist der Sinnzusammenhang der Wörter oder Sätze der Träger, an dem erst, blitzartig, die Ähnlichkeit in Erscheinung tritt. Denn ihre Erzeugung durch den Menschen ist – ebenso wie ihre Wahrnehmung durch ihn – in vielen und zumal den wichtigen Fällen an ein Aufblitzen gebunden. Sie huscht vorbei. Nicht unwahrscheinlich, daß die Schnelligkeit des Schreibens und des Lesens die Verschmelzung des Semiotischen und des Mimetischen im Sprachbereiche steigert.

»Was nie geschrieben wurde, lesen.« Dies Lesen ist das älteste: das Lesen vor aller Sprache, aus den Eingeweiden, den Sternen oder Tänzen. Später kamen Vermittlungsglieder eines neuen Lesens, Runen und Hieroglyphen in Gebrauch. Die Annahme liegt nahe, daß dies die Stationen wurden, über welche jene mimetische Begabung, die einst das Fundament der okkulten Praxis gewesen ist, in Schrift und Sprache ihren Eingang fand. Dergestalt wäre die Sprache die höchste Stufe des mimetischen Verhaltens und das vollkommenste Archiv der unsinnlichen Ähnlichkeit: ein Medium, in welches ohne Rest die früheren Kräfte mimetischer Hervorbringung und Auffassung hineingewandert sind, bis sie so weit gelangten, die der Magie zu liquidieren.

Schicksal und Charakter

Schicksal und Charakter werden gemeinhin als kausal verbunden angesehen und der Charakter wird als eine Ursache des Schicksals bezeichnet. Der Gedanke, welcher dabei zugrunde liegt, ist folgender: wäre einerseits der Charakter eines Menschen, d. h. also auch seine Art und Weise zu reagieren, in allen Einzelheiten bekannt und wäre andrerseits das Weltgeschehen bekannt in den Bezirken, in denen es an jenen Charakter heranträte, so ließe sich genau sagen, was jenem Charakter sowohl widerfahren als von ihm vollzogen werden würde. Das heißt, sein Schicksal wäre bekannt. Einen unmittelbaren gedanklichen Zugang zum Schicksalsbegriff ermöglichen die zeitgenössischen Vorstellungen nicht, daher moderne Menschen sich auch auf den Gedanken, den Charakter etwa aus den leiblichen Zügen eines Menschen zu lesen, einlassen, weil sie das Wissen um Charakter überhaupt irgendwie in sich vorfinden, während die Vorstellung, analog etwa das Schicksal eines Menschen aus den Linien seiner Hand zu lesen, ihnen unannehmbar erscheint. Dies scheint so unmöglich wie es unmöglich scheint, »die Zukunft vorauszusagen«; unter diese Kategorie wird nämlich die Voraussage des Schicksals ohne weiteres subsumiert, und der Charakter erscheint demgegenüber als etwas in Gegenwart und Vergangenheit Vorliegendes, was also erkennbar sei. Nun aber ist es gerade die Behauptung solcher, die sich anheischig machen, den Menschen aus welchen Zeichen auch immer ihr Schicksal vorherzusagen, daß dieses für denjenigen, der darauf zu merken wisse (der ein unmittelbares Wissen um Schicksal überhaupt in sich vorfindet) in irgendeiner Weise gegenwärtig, oder vorsichtiger gesagt zur Stelle sei. Die Annahme, irgendein »zur Stelle sein« des zukünftigen Schicksals widerspräche weder dem Begriff desselben, noch den menschlichen Erkenntniskräften dessen Voraussagung, ist, wie sich zeigen

läßt, nicht widersinnig. Und zwar kann ebenso wie der Charakter auch das Schicksal nur in Zeichen, nicht an sich selbst überschaut werden, denn – mag auch dieser oder jener Charakterzug, diese oder jene Verkettung des Schicksals unmittelbar vor Augen liegen – es ist doch der Zusammenhang, den jene Begriffe meinen, niemals anders als in Zeichen zur Stelle, weil er über dem unmittelbar Sichtbaren gelegen ist. Das System charakterologischer Zeichen wird im allgemeinen auf den Leib beschränkt, wenn man von der charakterologischen Bedeutung derjenigen Zeichen absieht, die das Horoskop untersucht, während zum Zeichen des Schicksals der überlieferten Anschauung gemäß neben den leiblichen die Erscheinungen des äußern Lebens werden können. Der Zusammenhang zwischen Zeichen und Bezeichnetem aber bildet in beiden Sphären ein gleich verschlossenes und schweres, wenn auch im übrigen ein verschiedenes Problem, weil, aller oberflächlichen Betrachtung und falschen Hypostasierung der Zeichen zum Trotz, sie in beiden Systemen Charakter oder Schicksal nicht auf Grund kausaler Zusammenhänge bedeuten. Ein Bedeutungszusammenhang ist nie kausal zu begründen, mögen auch etwa im vorliegenden Falle jene Zeichen in ihrem Dasein kausal durch Schicksal und Charakter hervorgerufen sein. Im folgenden wird nicht untersucht, wie ein solches Zeichensystem für Charakter und Schicksal aussehe, sondern lediglich auf die Bezeichneten selbst richtet sich die Betrachtung.
Es zeigt sich, daß die herkömmliche Auffassung ihres Wesens und ihres Verhältnisses nicht allein problematisch bleibt, insofern sie nicht imstande ist, die Möglichkeit einer Vorhersagung des Schicksals rationell begreiflich zu machen, sondern daß sie falsch ist, weil die Trennung, auf der sie beruht, theoretisch unvollziehbar ist. Denn es ist unmöglich, einen widerspruchslosen Begriff vom Außen eines wirkenden Menschen, als dessen Kern doch der Charakter in jener Anschauung angesprochen wird, zu bilden. Kein Begriff einer Außenwelt läßt sich gegen die Grenze des Begriffs des wir-

kenden Menschen definieren. Zwischen dem wirkenden Menschen und der Außenwelt vielmehr ist alles Wechselwirkung, ihre Aktionskreise gehen ineinander über; ihre Vorstellungen mögen noch so verschieden sein, ihre Begriffe sind nicht trennbar. Es ist nicht nur in keinem Falle anzugeben, was letzten Endes als Funktion des Charakters, was als Funktion des Schicksals in einem Menschenleben zu gelten hat (dies würde hier nichts besagen, wenn etwa beide nur in der Erfahrung ineinander übergingen), sondern das Außen, das der handelnde Mensch vorfindet, kann in beliebig hohem Maße auf sein Innen, sein Innen in beliebig hohem Maße auf sein Außen prinzipiell zurückgeführt, ja als dieses prinzipiell angesehen werden. Charakter und Schicksal werden in dieser Betrachtung, weit entfernt theoretisch geschieden zu werden, zusammenfallen. So bei Nietzsche, wenn er sagt: »Wenn einer Charakter hat, so hat er auch ein Erlebnis, das immer wiederkehrt.« Das besagt: wenn einer Charakter hat, so ist sein Schicksal wesentlich konstant. Dies heißt freilich auch wieder: so hat er kein Schicksal – und diese Konsequenz haben die Stoiker gezogen.

Soll also der Begriff des Schicksals gewonnen werden, so muß dieser reinlich von dem des Charakters geschieden werden, was wiederum eher nicht gelingen kann, als der letzte eine genauere Bestimmung erfahren hat. Auf Grund dieser Bestimmung werden die beiden Begriffe durchaus divergent werden; wo Charakter ist, da wird mit Sicherheit Schicksal nicht sein und im Zusammenhang des Schicksals Charakter nicht angetroffen werden. Dazu ist darauf Bedacht zu nehmen, jene beiden Begriffe solchen Sphären zuzuweisen, in denen sie nicht, wie es im gemeinen Sprachgebrauch geschieht, die Hoheit oberer Sphären und Begriffe usurpieren. Der Charakter nämlich wird gewöhnlich in einen ethischen, wie das Schicksal in einen religiösen Zusammenhang eingestellt. Aus beiden Bezirken sind sie durch die Aufdeckung des Irrtums, der sie dorthin versetzen konnte, zu verbannen. Dieser Irrtum ist mit Beziehung auf den Begriff des Schicksals durch dessen Verbindung mit dem Begriff der Schuld veranlaßt. So wird, um den typischen Fall zu nennen, das schicksalhafte Unglück als die Antwort Gottes oder der Götter auf religiöse Verschuldung angesehen. Dabei aber sollte es nachdenklich machen, daß eine entsprechende Beziehung des Schicksalsbegriffes auf den Begriff, welcher mit dem Schuldbegriff durch die Moral mitgegeben ist, auf den Begriff der Unschuld nämlich, fehlt. In der griechischen klassischen Ausgestaltung des Schicksalsgedankens wird das Glück, das einem Menschen zuteil wird, ganz und gar nicht als die Bestätigung seines unschuldigen Lebenswandels aufgefaßt, sondern als die Versuchung zu schwerster Verschuldung, zur Hybris. Beziehung auf die Unschuld kommt also im Schicksal nicht vor. Und – diese Frage trifft noch tiefer – gibt es denn im Schicksal eine Beziehung auf das Glück? Ist das Glück, so wie ohne Zweifel das Unglück, eine konstitutive Kategorie für das Schicksal? Das Glück ist es vielmehr, welches den Glücklichen aus der Verkettung der Schicksale und aus dem Netz des eignen herauslöst. »Schicksallos« nennt nicht umsonst die seligen Götter Hölderlin. Glück und Seligkeit führen also ebenso aus der Sphäre des Schicksals heraus wie die Unschuld. Eine Ordnung aber, deren einzig konstitutive Begriffe Unglück und Schuld sind und innerhalb deren es keine denkbare Straße der Befreiung gibt (denn soweit etwas Schicksal ist, ist es Unglück und Schuld) – eine solche Ordnung kann nicht religiös sein, so sehr auch der mißverstandene Schuldbegriff darauf zu verweisen scheint. Es gilt also ein anderes Gebiet zu suchen, in welchem einzig und allein Unglück und Schuld gelten, eine Waage, auf der Seligkeit und Unschuld zu leicht befunden werden und nach oben schweben. Diese Waage ist die Waage des Rechts. Die Gesetze des Schicksals, Unglück und Schuld, erhebt das Recht zu Maßen der Person; es wäre falsch anzunehmen, daß nur die Schuld allein im Rechtszusammenhang sich fände; nachweisbar ist vielmehr, daß jede rechtliche Verschuldung nichts ist als ein Unglück. Mißverständlich, auf Grund ihrer Verwechslung mit dem Reiche der Gerechtigkeit, hat die Ordnung des Rechts, die nur ein Überrest der dämonischen Existenzstufe der Menschen ist, in der Rechtssatzungen nicht deren Beziehungen allein, sondern auch ihr Verhältnis zu den Göttern bestimmten, sich über die Zeit hinaus erhalten, welche den Sieg über die Dämonen inaugurierte. Nicht das Recht, sondern die Tragödie war es, in der das Haupt des Genius aus dem Nebel der Schuld sich zum ersten Male erhob, denn in der Tragödie wird das dämonische Schicksal durchbrochen. Nicht aber, indem die heidnisch unabsehbare Verkettung von Schuld und Sühne durch die Reinheit des entsühnten und mit dem reinen Gott versöhnten Menschen abgelöst würde. Sondern in der Tragödie besinnt sich der heidnische Mensch, daß er besser ist als seine Götter, aber diese Erkenntnis verschlägt ihm die Sprache, sie bleibt dumpf. Ohne sich zu bekennen sucht sie heimlich ihre Gewalt zu sammeln. Schuld und Sühne legt sie nicht abgemessen in die Waagschalen, sondern rüttelt sie durcheinander. Es ist gar keine Rede davon, daß die »sittliche Weltordnung« wieder hergestellt werde, sondern es will der moralische Mensch noch stumm, noch unmündig – als solcher heißt er der Held – im Erbeben jener qualvollen Welt sich aufrichten. Das Paradoxon der Geburt des Genius in moralischer Sprachlosigkeit, moralischer Infantilität ist das Erhabene der Tragödie. Es ist wahrscheinlich der Grund des Erhabenen überhaupt, in dem weit eher der Genius erscheint als Gott. – Das Schicksal zeigt sich also in der Betrachtung eines Lebens als eines Verurteilten, im Grunde als eines, das erst verurteilt und darauf schuldig wurde. Wie denn Goethe diese beiden Phasen in den Worten zusammenfaßt: »Ihr laßt den Armen schuldig werden«. Das Recht verurteilt nicht zur Strafe, sondern zur Schuld. Schicksal ist der Schuldzusammenhang des Lebendigen. Dieser entspricht der natürlichen Verfassung des Lebendigen, jenem noch nicht restlos aufgelösten Schein, dem der Mensch so entrückt ist, daß er niemals ganz in ihn eintauchen, sondern unter seiner Herrschaft nur in seinem besten Teil unsichtbar bleiben konnte. Der Mensch also ist es im Grunde nicht, der ein Schicksal hat, sondern das Subjekt des Schicksals ist unbestimmbar. Der Richter kann Schicksal erblicken wo immer er will; in jeder Strafe muß er blindlings Schicksal mitdiktieren. Der Mensch wird niemals hiervon getroffen, wohl aber das bloße Leben in ihm, das an natürlicher Schuld und dem Unglück Anteil kraft des Scheins hat. Schicksalsmäßig kann dieses Lebendige so den Karten wie den Planeten verkuppelt werden, und die weise Frau bedient sich der einfachen Technik, mit den nächst berechenbaren, nächst gewissen Dingen (mit Dingen, welche unkeusch mit Gewißheit geschwängert sind) dieses in den Schuldzusammenhang zu rücken. Dadurch erfährt sie in Zeichen etwas über ein natürliches Leben im Menschen, das sie an Stelle des benannten Hauptes zu setzen sucht; wie andrerseits der Mensch, der zu ihr geht, zugunsten des verschuldeten Lebens in sich abdankt. Der Schuldzusammenhang ist ganz uneigentlich zeitlich, nach Art und Maß ganz verschieden von der Zeit der Erlösung oder der Musik oder der Wahrheit. An der Fixierung der besondern Art der Zeit des Schicksals hängt die vollendete Durchleuchtung dieser Dinge. Der Kartenleger und der Chiromant lehrt jedenfalls, daß diese Zeit jederzeit gleichzeitig mit einer andern (nicht gegenwärtig) gemacht werden kann. Sie ist eine unselbständige Zeit, die auf die Zeit eines höhern, weniger naturhaften Lebens parasitär angewiesen ist. Sie hat keine Gegenwart, denn schicksalhafte Augenblicke gibt es nur in schlechten Romanen, und auch Vergangenheit und Zukunft kennt sie nur in eigentümlichen Abwandlungen.

Es gibt also einen Begriff des Schicksals – und es ist der echte, der einzige, der das Schicksal in der Tragödie in gleicher Weise trifft, wie die Absichten der Kartenlegerin – welcher vollkommen unabhängig von dem des Charakters ist und seine Begründung in einer ganz andern Sphäre sucht. In den entsprechenden Stand muß auch der Begriff des Charakters gesetzt werden. Es ist kein Zufall, daß beide Ordnungen mit deutenden Praktiken zusammenhängen und in der Chiromantie Charakter und Schicksal ganz eigentlich zusammentreffen. Beide betreffen den natürlichen Menschen, besser: die Natur im Menschen, und eben diese kündigt in den, sei es an sich selbst, sei es experimentell gegebenen Zeichen der Natur sich an. Die Begründung des Begriffs des Charakters wird sich also ebenfalls auf eine Natursphäre zu beziehen haben und mit der Ethik oder der Moral genau so wenig zu tun haben, wie das Schicksal mit der Religion. Andrerseits wird der Begriff des Charakters sich auch derjenigen Züge zu entschlagen haben, welche seine irrige Verbindung mit dem Schicksalsbegriff konstituieren. Diese Verbindung wird durch die Vorstellung eines durch Erkenntnis beliebig, bis zum festesten Gewebe, zu verdichtenden Netzes geleistet, als welches oberflächlicher Betrachtung der Charakter erscheint. Neben den großen grundlegenden Zügen soll nämlich der geschärfte Blick des Menschenkenners feinere und enger zusammenhängende angeblich gewahren, bis das scheinbare Netz zu einem Tuch gedichtet sei. In den Fäden dieses Gewebes hat endlich ein schwacher Verstand das moralische Wesen des betreffenden Charakters zu besitzen geglaubt und die guten und schlechten Eigenschaften an ihm unterschieden. Wie aber der Moral zu erweisen obliegt, können Eigenschaften niemals, sondern allein Handlungen moralisch erheblich sein. Der Augenschein will es freilich anders. Nicht nur »diebisch« »verschwenderisch« »mutig« scheinen moralische Wertungen mitzubedeuten (hier läßt sich noch von der scheinbar moralischen Färbung der Begriffe absehen), sondern vor allem Worte wie »aufopfernd« »tückisch« »rachsüchtig« »neidisch« scheinen Charakterzüge anzuzeigen, bei denen sich von moralischer Wertung nicht mehr abstrahieren läßt. Dennoch ist solche Abstraktion in jedem Fall nicht allein vollziehbar, sondern notwendig, um den Sinn der Begriffe zu erfassen. Und zwar ist sie so zu denken, daß die Wertung an sich durchaus erhalten bleibt und nur ihr moralischer Akzent ihr entzogen wird, um jeweilen im positiven oder negativen Sinn so bedingten Schätzungen Platz zu machen, wie etwa die moralisch zweifellos indifferenten Bezeichnungen von Eigenschaften des Intellekts (als da sind »klug« oder »dumm«) sie ansprechen.

Wo dabei jenen pseudomoralischen Eigenschaftsbenennungen ihre wahre Sphäre angewiesen werden muß, lehrt die Komödie. In ihrer Mitte steht, als Hauptperson der Charakterkomödie, oft genug ein Mensch, den wir, wenn wir im Leben seinen Handlungen statt auf der Bühne ihm selber gegenüber stehen müßten, einen Schurken nennen würden. Auf der Bühne der Komödie aber gewinnen seine Handlungen nur dasjenige Interesse, das mit dem Lichte des Charakters auf sie fällt, und dieser ist in den klassischen Fällen der Gegenstand nicht moralischer Verurteilung sondern hoher Heiterkeit. Niemals an sich, niemals moralisch betreffen die Handlungen des komischen Helden sein Publikum; nur soweit sie das Licht des Charakters zurückwerfen, interessieren seine Taten. Dabei gewahrt man, daß der große Komödiendichter, etwa Molière, nicht in der Vielfalt der Charakterzüge seine Person zu determinieren sucht. Vielmehr fehlt der psychologischen Analysis jeder Zugang zu seinem Werke. Mit deren Interesse hat es gar nichts zu schaffen wenn Geiz oder Hypochondrie im »Avare« oder im »Malade imaginaire« hypostasiert und allem Handeln zugrunde gelegt werden. Über Hypochondrie und Geiz lehren diese Dramen nichts, weit entfernt sie verständlich zu machen, stellen sie sie mit steigender Kraßheit dar; wenn der Gegenstand der Psychologie das Innenleben des empirisch vermeinten Menschen ist, so sind Molièresche Personen nicht einmal als Demonstrationsmittel für sie brauchbar. Der Charakter entfaltet sich in ihnen sonnenhaft im Glanz seines einzigen Zuges, der keinen andern in seiner Nähe sichtbar bleiben läßt, sondern ihn überblendet. Die Erhabenheit der Charakterkomödie beruht auf dieser Anonymität des Menschen und seiner Moralität mitten in der höchsten Entfaltung des Individuums in der Einzigkeit seines Charakterzuges. Während das Schicksal die ungeheure Komplikation der verschuldeten Person, die Komplikation und Bindung ihrer Schuld aufrollt, gibt auf jene mythische Verknechtung der Person im Schuldzusammenhang der Charakter die Antwort des Genius. Die Komplikation wird Einfachheit, das Fatum Freiheit. Denn der Charakter der komischen Person ist nicht der Popanz der Deterministen, er ist der Leuchter, unter dessen Strahl die Freiheit ihrer Taten sichtbar wird. – Dem Dogma von der natürlichen Schuld des Menschenlebens, von der Urschuld, deren prinzipielle Unlösbarkeit die Lehre, und deren gelegentliche Lösung den Kultus des Heidentums bildet, stellt der Genius die Vision von der natürlichen Unschuld des Menschen entgegen. Diese Vision verharrt ihrerseits ebenfalls im Bezirk der Natur, dennoch steht sie moralischen Einsichten ihrem Wesen nach so nahe, wie die gegenteilige Idee allein in der Form der Tragödie, die nicht ihre einzige ist. Die Vision des Charakters aber ist befreiend unter allen Formen: mit der Freiheit hängt sie, wie hier nicht gezeigt werden kann, auf dem Wege ihrer Affinität mit der Logik zusammen. – Der Charakterzug ist also nicht der Knoten im Netz. Er ist die Sonne des Individuums am farblosen (anonymen) Himmel des Menschen, welche den Schatten der komischen Handlung wirft. (Dies führt Cohens tiefes Wort, daß jede tragische Handlung, so erhaben sie auch auf ihrem Kothurn schreite, einen komischen Schatten werfe, seinem eigensten Zusammenhang zu.)

Die physiognomischen Zeichen mußten, wie die übrigen mantischen, bei den Alten vornehmlich der Ergründung des Schicksals dienen, gemäß der Herrschaft des heidnischen Schuldglaubens. Die Physiognomik wie die Komödie sind Erscheinungen des neuen Weltalters des Genius gewesen. Ihren Zusammenhang mit der alten Wahrsagekunst zeigt die moderne Physiognomik noch in dem unfruchtbaren moralischen Wertakzent ihrer Begriffe, wie auch in dem Streben nach analytischer Komplikation. Gerade in dieser Hinsicht haben alte und mittelalterliche Physiognomiker richtiger gesehen, welche erkannten, daß der Charakter nur unter einigen wenigen moralisch indifferenten Grundbegriffen erfaßt werden kann, wie z. B. die Lehre von den Temperamenten sie festzustellen suchte.

Zur Kritik der Gewalt

Die Aufgabe einer Kritik der Gewalt läßt sich als die Darstellung ihres Verhältnisses zu Recht und Gerechtigkeit umschreiben. Denn zur Gewalt im prägnanten Sinne des Wortes wird eine wie immer wirksame Ursache erst dann, wenn sie in sittliche Verhältnisse eingreift. Die Sphäre dieser Verhältnisse wird durch die Begriffe Recht und Gerechtigkeit bezeichnet. Was zunächst den ersten von ihnen angeht, so ist klar, daß das elementarste Grundverhältnis einer jeden Rechtsordnung dasjenige von Zweck und Mittel ist. Ferner, daß Gewalt zunächst nur im Bereich der Mittel, nicht der Zwecke aufgesucht werden kann. Mit diesen Feststellungen ist für die Kritik der Gewalt mehr, und freilich auch anderes, als es vielleicht den Anschein hat gegeben. Ist nämlich Gewalt Mittel, so könnte ein Maßstab für ihre Kritik ohne weiteres gegeben erscheinen. Er drängt sich in der Frage auf, ob Gewalt jeweils in bestimmten Fällen Mittel zu gerechten oder ungerechten Zwecken sei. Ihre Kritik wäre demnach in einem System gerechter Zwecke implizit gegeben. Dem ist aber nicht so. Denn was ein solches System, angenommen es sei gegen alle Zweifel sichergestellt, enthielte, ist nicht ein Kriterium der Gewalt selbst als eines Prinzips, sondern eines für die Fälle ihrer Anwendung. Offen bliebe immer noch die Frage, ob Gewalt überhaupt, als Prinzip, selbst als Mittel zu gerechten Zwecken sittlich sei. Diese Frage bedarf zu ihrer Entscheidung denn doch eines näheren Kriteriums, einer Unterscheidung in der Sphäre der Mittel selbst, ohne Ansehung der Zwecke, denen sie dienen.

Die Ausschaltung dieser genaueren kritischen Fragestellung charakterisiert eine große Richtung in der Rechtsphilosophie vielleicht als ihr hervorstechendstes Merkmal: das Naturrecht. Es sieht in der Anwendung gewaltsamer Mittel zu gerechten Zwecken so wenig ein Problem, wie der Mensch eines im »Recht«, seinen Körper auf das erstrebte Ziel hinzubewegen, findet. Nach seiner Anschauung (die dem Terrorismus in der französischen Revolution zur ideologischen Grundlage diente) ist Gewalt ein Naturprodukt, gleichsam ein Rohstoff, dessen Verwendung keiner Problematik unterliegt, es sei denn, daß man die Gewalt zu ungerechten Zwecken mißbrauche. Wenn nach der Staatstheorie des Naturrechts die Personen aller ihrer Gewalt zugunsten des Staates sich begeben, so geschieht das unter der Voraussetzung (die beispielsweise Spinoza im theologisch-politischen Traktat ausdrücklich feststellt), daß der einzelne an und für sich und vor Abschluß eines solchen vernunftgemäßen Vertrages jede beliebige Gewalt, die er de facto innehabe, auch de jure ausübe. Vielleicht sind diese Anschauungen noch spät durch Darwins Biologie belebt worden, die in durchaus dogmatischer Weise neben der natürlichen Zuchtwahl nur die Gewalt als ursprüngliches und allen vitalen Zwecken der Natur allein angemessenes Mittel ansieht. Die darwinistische Popularphilosophie hat oft gezeigt, wie klein von diesem naturgeschichtlichen Dogma der Schritt zu dem noch gröberen rechtsphilosophischen ist, daß jene Gewalt, welche fast allein natürlichen Zwecken angemessen, darum auch schon rechtmäßig sei.

Dieser naturrechtlichen These von der Gewalt als natürlicher Gegebenheit tritt die positiv-rechtliche von der Gewalt als historischer Gewordenheit diametral entgegen. Kann das Naturrecht jedes bestehende Recht nur beurteilen in der Kritik seiner Zwecke, so das positive jedes werdende nur in der Kritik seiner Mittel. Ist Gerechtigkeit das Kriterium der Zwecke, so Rechtmäßigkeit das der Mittel. Unbeschadet dieses Gegensatzes aber begegnen beide Schulen sich in dem gemeinsamen Grunddogma: Gerechte Zwecke können durch berechtigte Mittel erreicht, berechtigte Mittel an gerechte Zwecke gewendet werden. Das Naturrecht strebt, durch die Gerechtigkeit der Zwecke die Mittel zu »rechtfertigen«, das positive Recht durch die Berechtigung der Mittel die Gerechtigkeit der Zwecke zu »garantieren«. Die Antinomie würde sich als unlösbar erweisen, wenn die gemeinsame dogmatische Voraussetzung falsch ist, wenn berechtigte Mittel einerseits und gerechte Zwecke andrerseits in unvereinbarem Widerstreit liegen. Die Einsicht hierin könnte sich aber keinesfalls ergeben, bevor der Zirkel verlassen und voneinander unabhängige Kriterien für gerechte Zwecke sowohl als für berechtigte Mittel aufgestellt wären.

Das Bereich der Zwecke und damit auch die Frage nach einem Kriterium der Gerechtigkeit schaltet für diese Untersuchung zunächst aus. Dagegen fällt in ihr Zentrum die Frage nach der Berechtigung gewisser Mittel, welche die Gewalt ausmachen. Naturrechtliche Prinzipien können sie nicht entscheiden, sondern nur in eine bodenlose Kasuistik führen. Denn wenn das positive Recht blind ist für die Unbedingtheit der Zwecke, so das Naturrecht für die Bedingtheit der Mittel. Dagegen ist die positive Rechtstheorie als hypothetische Grundlage im Ausgangspunkt der Untersuchung annehmbar, weil sie eine grundsätzliche Unterscheidung hinsichtlich der Arten der Gewalt vornimmt, unabhängig von den Fällen ihrer Anwendung. Diese findet zwischen der historisch anerkannten, der sogenannten sanktionierten und der nicht sanktionierten Gewalt statt. Wenn die folgenden Überlegungen von ihr ausgehen, so kann das natürlich nicht heißen, daß gegebene Gewalten danach klassifiziert werden, ob sie sanktioniert sind oder nicht. Denn in einer Kritik der Gewalt kann deren positiv-rechtlicher Maßstab nicht seine Anwendung, sondern vielmehr nur seine Beurteilung erfahren. Es handelt sich um die Frage, was denn für das Wesen der Gewalt daraus folge, daß ein solcher Maßstab oder Unterschied an ihr überhaupt möglich sei, oder mit anderen Worten um den Sinn jener Unterscheidung. Denn daß jene positiv-rechtliche Unterscheidung sinnvoll, in sich vollkommen gegründet und durch keine andere ersetzbar sei, wird sich bald genug zeigen, zugleich aber damit ein Licht auf diejenige Sphäre fallen, in der diese Unterscheidung allein stattfinden kann. Mit einem

Wort: kann der Maßstab, den das positive Recht für die Rechtmäßigkeit der Gewalt aufstellt, nur nach seinem Sinn analysiert, so muß die Sphäre seiner Anwendung nach ihrem Wert kritisiert werden. Für diese Kritik gilt es dann den Standpunkt außerhalb der positiven Rechtsphilosophie, aber auch außerhalb des Naturrechts zu finden. Inwiefern allein die geschichtsphilosophische Rechtsbetrachtung ihn abgeben kann, wird sich herausstellen.

Der Sinn der Unterscheidung der Gewalt in rechtmäßige und unrechtmäßige liegt nicht ohne weiteres auf der Hand. Ganz entschieden ist das naturrechtliche Mißverständnis abzuwehren, als bestehe er in der Unterscheidung von Gewalt zu gerechten und ungerechten Zwecken. Vielmehr wurde schon angedeutet, daß das positive Recht von jeder Gewalt einen Ausweis über ihren historischen Ursprung verlangt, welcher unter gewissen Bedingungen ihre Rechtmäßigkeit, ihre Sanktion erhält. Da die Anerkennung von Rechtsgewalten sich am greifbarsten in der grundsätzlich widerstandslosen Beugung unter ihre Zwecke bekundet, so ist als hypothetischer Einteilungsgrund der Gewalten das Bestehen oder der Mangel einer allgemeinen historischen Anerkennung ihrer Zwecke zugrunde zu legen. Zwecke, welche dieser Anerkennung entbehren, mögen Naturzwecke, die anderen Rechtszwecke genannt werden. Und zwar ist die verschiedenartige Funktion der Gewalt, je nachdem sie Natur- oder Rechtszwecken dient, am anschaulichsten unter Zugrundelegung irgendwelcher bestimmter Rechtsverhältnisse zu entwickeln. Der Einfachheit halber mögen die folgenden Ausführungen auf die gegenwärtigen europäischen sich beziehen.

Für diese Rechtsverhältnisse ist, was die einzelne Person als Rechtssubjekt betrifft, die Tendenz bezeichnend, Naturzwecke dieser einzelnen Personen in allen den Fällen nicht zuzulassen, in denen solche Zwecke gegebenenfalls zweckmäßigerweise gewaltsam erstrebt werden könnten. Das heißt: diese Rechtsordnung drängt darauf, in allen Gebieten, in denen Zwecke von Einzelpersonen zweckmäßigerweise mit Gewalt erstrebt werden könnten, Rechtszwecke aufzurichten, welche eben nur die Rechtsgewalt auf diese Weise zu verwirklichen vermag. Ja, sie drängt darauf, auch Gebiete, für welche Naturzwecke prinzipiell in weiten Grenzen freigegeben werden, wie das der Erziehung, durch Rechtszwecke einzuschränken, sobald jene Naturzwecke mit einem übergroßen Maß von Gewalttätigkeit erstrebt werden, wie sie dies in den Gesetzen über die Grenzen der erzieherischen Strafbefugnis tut. Es kann als eine allgemeine Maxime gegenwärtiger europäischer Gesetzgebung formuliert werden: alle Naturzwecke einzelner Personen müssen mit Rechtszwecken in Kollision geraten, wenn sie mit mehr oder minder großer Gewalt verfolgt werden. (Der Widerspruch, in welchem das Recht auf Notwehr hierzu steht, dürfte im Laufe der folgenden Betrachtungen von selbst seine Erklärung finden.) Aus dieser Maxime folgt, daß das Recht die Gewalt in den Händen der einzelnen Person als eine Gefahr ansieht, die Rechtsordnung zu untergraben. Als eine Gefahr, die Rechtszwecke und die Rechtsexekutive zu vereiteln? Doch nicht; denn dann würde nicht Gewalt schlechthin, sondern nur die auf rechtswidrige Zwecke gewendete verurteilt werden. Man wird sagen, daß ein System der Rechtszwecke sich nicht halten könne, wenn irgendwo Naturzwecke noch gewaltsam erstrebt werden dürfen. Das ist aber zunächst ein bloßes Dogma. Dagegen wird man vielleicht die überraschende Möglichkeit in Betracht zu ziehen haben, daß das Interesse des Rechts an der Monopolisierung der Gewalt gegenüber der Einzelperson sich nicht durch die Absicht erkläre, die Rechtszwecke, sondern vielmehr durch die, das Recht selbst zu wahren. Daß die Gewalt, wo sie nicht in den Händen des jeweiligen Rechtes liegt, ihm Gefahr droht, nicht durch die Zwecke, welche sie erstreben mag, sondern durch ihr bloßes Dasein außerhalb des Rechts. Drastischer mag die gleiche Vermutung durch die Besinnung darauf nahegelegt werden, wie oft schon die Gestalt des »großen« Verbrechers, mögen auch seine Zwecke abstoßend gewesen sein, die heimliche

Bewunderung des Volkes erregt hat. Das kann nicht um seiner Tat, sondern nur um der Gewalt willen, von der sie zeugt, möglich sein. In diesem Fall tritt also wirklich die Gewalt, welche das heutige Recht in allen Bezirken des Handelns dem einzelnen zu nehmen sucht, bedrohlich auf und erregt noch im Unterliegen die Sympathie der Menge gegen das Recht. Durch welche Funktion die Gewalt mit Grund dem Recht so bedrohlich scheinen, so sehr von ihm gefürchtet werden kann, muß sich gerade da zeigen, wo selbst nach der gegenwärtigen Rechtsordnung ihre Entfaltung noch zulässig ist.

Dies ist zunächst im Klassenkampf in Gestalt des garantierten Streikrechts der Arbeiter der Fall. Die organisierte Arbeiterschaft ist neben den Staaten heute wohl das einzige Rechtssubjekt, dem ein Recht auf Gewalt zusteht. Gegen diese Anschauung liegt freilich der Einwand bereit, daß die Unterlassung von Handlungen, ein Nicht-Handeln, wie es der Streik letzten Endes doch ist, überhaupt nicht als Gewalt bezeichnet werden dürfe. Solche Überlegung hat auch wohl der Staatsgewalt die Einräumung des Streikrechts, als sie nicht mehr zu umgehen war, erleichtert. Sie gilt aber nicht uneingeschränkt, weil nicht unbedingt. Zwar kann das Unterlassen einer Handlung, auch eines Dienstes, wo es einfach einem »Abbruch von Beziehungen« gleichkommt, ein völlig gewaltloses, reines Mittel sein. Und wie nach Anschauung des Staates (oder des Rechts) im Streikrecht der Arbeiterschaft überhaupt nicht sowohl ein Recht auf Gewalt zugestanden ist, als eines sich derselben zu entziehen, wo sie vom Arbeitgeber mittelbar ausgeübt werden sollte, so mag freilich hin und wieder ein Streikfall vorkommen, der dem entspricht und nur eine »Abkehr« oder »Entfremdung« vom Arbeitgeber bekunden soll. Das Moment der Gewalt aber tritt, und zwar als Erpressung, in eine solche Unterlassung unbedingt dann ein, wenn sie in der prinzipiellen Bereitschaft geschieht, die unterlassene Handlung unter gewissen Bedingungen, welche, sei es überhaupt nichts mit ihr zu tun haben, sei es nur etwas Äußerliches an ihr modifizieren, wieder so wie vorher auszuüben. Und in diesem Sinne bildet nach der Anschauung der Arbeiterschaft, welche der des Staates entgegengesetzt ist, das Streikrecht das Recht, Gewalt zur Durchsetzung gewisser Zwecke anzuwenden. Der Gegensatz in beiden Auffassungen zeigt sich in voller Schärfe angesichts des revolutionären Generalstreiks. In ihm wird die Arbeiterschaft jedesmal sich auf ihr Streikrecht berufen, der Staat aber diese Berufung einen Mißbrauch nennen, da das Streikrecht »so« nicht gemeint gewesen sei, und seine Sonderverfügungen erlassen. Denn es bleibt ihm unbenommen zu erklären, daß eine gleichzeitige Ausübung des Streiks in allen Betrieben, da er nicht in jedem seinen vom Gesetzgeber vorausgesetzten besonderen Anlaß habe, widerrechtlich sei. In dieser Differenz der Interpretation drückt sich der sachliche Widerspruch der Rechtslage aus, nach der der Staat eine Gewalt anerkennt, deren Zwecken er als Naturzwecken bisweilen indifferent, im Ernstfall (des revolutionären Generalstreiks) aber feindlich gegenübersteht. Als Gewalt nämlich ist, wiewohl dies auf den ersten Blick paradox scheint, dennoch auch ein Verhalten, das in Ausübung eines Rechtes eingenommen wird, unter gewissen Bedingungen zu bezeichnen. Und zwar wird ein solches Verhalten, wo es aktiv ist, Gewalt heißen dürfen, wenn es ein ihm zustehendes Recht ausübt, um die Rechtsordnung, kraft deren es ihm verliehen ist, zu stürzen, wo es passiv ist, aber nichtsdestoweniger ebenso zu bezeichnen sein, wo es im Sinne der oben entwickelten Überlegung Erpressung wäre. Daher zeugt es nur von einem sachlichen Widerspruch in der Rechtslage, nicht aber von einem logischen Widerspruch im Recht, wenn es den Streikenden als Gewalttätigen unter gewissen Bedingungen mit Gewalt entgegentritt. Denn im Streik fürchtet der Staat mehr als alles andere diejenige Funktion der Gewalt, deren Ermittlung diese Untersuchung als einzig sicheres Fundament ihrer Kritik sich vorsetzt. Wäre nämlich Gewalt, was sie zunächst scheint, das bloße Mittel, eines Beliebigen, das gerade erstrebt wird, unmittelbar sich zu versichern, so könnte sie nur als raubende Gewalt ihren

Zweck erfüllen. Sie wäre völlig untauglich, auf relativ beständige Art Verhältnisse zu begründen oder zu modifizieren. Der Streik aber zeigt, daß sie dies vermag, daß sie imstande ist, Rechtsverhältnisse zu begründen und zu modifizieren, wie sehr das Gerechtigkeitsgefühl sich auch dadurch beleidigt finden möge. Der Einwand liegt nahe, daß eine solche Funktion der Gewalt zufällig und vereinzelt sei. Die Betrachtung der kriegerischen Gewalt wird ihn zurückweisen.

Die Möglichkeit eines Kriegsrechts beruht auf genau denselben sachlichen Widersprüchen in der Rechtslage wie die eines Streikrechts, nämlich darauf, daß Rechtssubjekte Gewalten sanktionieren, deren Zwecke für die Sanktionierenden Naturzwecke bleiben und daher mit ihren eigenen Rechts- oder Naturzwecken im Ernstfall in Konflikt geraten können. Die Kriegsgewalt richtet allerdings zunächst ganz unmittelbar und als raubende Gewalt sich auf ihre Zwecke. Aber es ist doch höchst auffallend, daß selbst – oder vielmehr gerade – in primitiven Verhältnissen, die von staatsrechtlichen Beziehungen sonst kaum Anfänge kennen, und selbst in solchen Fällen, wo der Sieger in einen nunmehr unangreifbaren Besitz sich gesetzt hat, ein Friede zeremoniell durchaus erforderlich ist. Ja, das Wort »Friede« bezeichnet in seiner Bedeutung, in welcher es Korrelat zur Bedeutung »Krieg« ist (es gibt nämlich noch eine ganz andere, ebenfalls unmetaphorische und politische, diejenige, in welcher Kant von »Ewigem Frieden« spricht) geradezu eine solche a priori und von allen übrigen Rechtsverhältnissen unabhängige notwendige Sanktionierung eines jeden Sieges. Diese besteht eben darin, daß die neuen Verhältnisse als neues »Recht« anerkannt werden, ganz unabhängig davon, ob sie de facto irgendeiner Garantie für ihren Fortbestand bedürfen oder nicht. Es wohnt also, wenn nach der kriegerischen Gewalt als einer ursprünglichen und urbildlichen für jede Gewalt zu Naturzwecken geschlossen werden darf, aller derartigen Gewalt ein rechtsetzender Charakter bei. Auf die Tragweite dieser Erkenntnis wird später zurückzukommen sein. Sie erklärt die genannte Tendenz des modernen Rechts, jede auch nur auf Naturzwecke gerichtete Gewalt zumindest der Einzelperson als Rechtssubjekt zu nehmen. Im großen Verbrecher tritt ihm diese Gewalt entgegen mit der Drohung: neues Recht zu setzen, vor der das Volk trotz ihrer Ohnmacht in bedeutenden Fällen noch heute wie in Urzeiten erschauert. Der Staat aber fürchtet diese Gewalt schlechterdings als rechtsetzend, wie er sie als rechtsetzend anerkennen muß, wo auswärtige Mächte ihn dazu zwingen, das Recht zur Kriegführung, Klassen, das Recht zum Streik ihnen zuzugestehen.

Wenn im letzten Kriege die Kritik der Militärgewalt der Ausgangspunkt für eine leidenschaftliche Kritik der Gewalt im allgemeinen geworden ist, welche wenigstens das eine lehrt, daß sie naiv nicht mehr ausgeübt noch geduldet wird, so ist sie doch nicht nur als rechtsetzende Gegenstand der Kritik gewesen, sondern sie ist vernichtender vielleicht noch in einer anderen Funktion beurteilt worden. Eine Doppelheit in der Funktion der Gewalt ist nämlich für den Militarismus, der erst durch die allgemeine Wehrpflicht sich bilden konnte, charakteristisch. Militarismus ist der Zwang zur allgemeinen Anwendung von Gewalt als Mittel zu Zwecken des Staates. Dieser Zwang zur Gewaltanwendung ist neuerdings mit gleichem oder größerem Nachdruck beurteilt worden, als die Gewaltanwendung selbst. In ihm zeigt sich die Gewalt in einer ganz andern Funktion als in ihrer einfachen Anwendung zu Naturzwecken. Er besteht in einer Anwendung von Gewalt als Mittel zu Rechtszwecken. Denn die Unterordnung der Bürger unter die Gesetze – in gedachtem Falle unter das Gesetz der allgemeinen Wehrpflicht – ist ein Rechtszweck. Wird jene erste Funktion der Gewalt die rechtsetzende, so darf diese zweite die rechtserhaltende genannt werden. Weil nun die Wehrpflicht ein durch nichts prinzipiell unterschiedener Anwendungsfall der rechtserhaltenden Gewalt ist, darum ist ihre wirklich durchschlagende Kritik bei weitem nicht so leicht, wie die Deklamationen der Pazifisten und Aktivisten sie sich machen. Sie fällt vielmehr mit der Kritik aller Rechtsgewalt, das heißt mit der Kritik der legalen oder exekutiven Gewalt zusammen und ist bei einem minderen Programm gar nicht zu leisten. Sie ist auch, will man nicht einen geradezu kindischen Anarchismus proklamieren, selbstverständlich nicht damit geliefert, daß man keinerlei Zwang der Person gegenüber anerkennt, und erklärt »Erlaubt ist was gefällt«. Eine solche Maxime schaltet nur die Reflexion auf die sittlich-historische Sphäre und damit auf jeden Sinn von Handlung, weiterhin aber auf jeden Sinn der Wirklichkeit überhaupt aus, der nicht zu konstituieren ist, wenn »Handlung« aus ihrem Bereich herausgebrochen ist. Wichtiger dürfte sein, daß auch die so häufig versuchte Berufung auf den kategorischen Imperativ mit seinem wohl unbezweifelbaren Minimalprogramm: Handle so, daß Du die Menschheit sowohl in Deiner Person als in der Person eines jeden Anderen jederzeit zugleich als Zweck, niemals bloß als Mittel brauchest, zu dieser Kritik an sich nicht ausreicht[1]. Denn das positive Recht wird, wo es seiner Wurzeln sich bewußt ist, durchaus beanspruchen, das Interesse der Menschheit in der Person jedes einzelnen anzuerkennen und zu fördern. Es erblickt dieses Interesse in der Darstellung und Erhaltung einer schicksalhaften Ordnung. So wenig dieser, die das Recht mit Grund zu wahren behauptet, eine Kritik erspart bleiben darf, so ohnmächtig ist doch ihr gegenüber jede Anfechtung, die nur im Namen einer gestaltlosen »Freiheit« auftritt, ohne jene höhere Ordnung der Freiheit bezeichnen zu können. Vollends ohnmächtig aber, wenn sie nicht die Rechtsordnung selbst an Haupt und Gliedern anficht, sondern einzelne Gesetze oder Rechtsbräuche, welche denn freilich das Recht in den Schutz seiner Macht nimmt, die darin besteht, daß es nur ein einziges Schicksal gibt und daß gerade das Bestehende

[1] Bezweifeln ließe sich an dieser berühmten Forderung vielmehr, ob sie nicht zu wenig enthält, nämlich ob es erlaubt sei, seiner selbst oder eines andern in irgendwelcher Hinsicht auch als eines Mittels sich bedienen zu lassen oder zu bedienen. Diesem Zweifel ließen sich sehr gute Gründe leihen.

und zumal das Drohende unverbrüchlich seiner Ordnung angehört. Denn die rechtserhaltende Gewalt ist eine drohende. Und zwar hat ihre Drohung nicht den Sinn der Abschreckung, in dem ununterrichtete liberale Theoretiker sie interpretieren. Zur Abschreckung im exakten Sinn würde eine Bestimmtheit gehören, welche dem Wesen der Drohung widerspricht, auch von keinem Gesetz erreicht wird, da die Hoffnung besteht, seinem Arm zu entgehen. Um so mehr erweist es sich drohend wie das Schicksal, bei dem es ja steht, ob ihm der Verbrecher verfällt. Den tiefsten Sinn in der Unbestimmtheit der Rechtsdrohung wird erst die spätere Betrachtung der Sphäre des Schicksals, aus der sie stammt, erschließen. Ein wertvoller Hinweis auf sie liegt im Bereich der Strafen. Unter ihnen hat, seitdem die Geltung des positiven Rechts in Frage gezogen wurde, die Todesstrafe mehr als alles andere die Kritik herausgefordert. So wenig grundsätzlich auch in den meisten Fällen deren Argumente gewesen sind, so prinzipiell waren und sind ihre Motive. Ihre Kritiker fühlten, vielleicht ohne es begründen zu können, ja wahrscheinlich ohne es fühlen zu wollen, daß eine Anfechtung der Todesstrafe nicht ein Strafmaß, nicht Gesetze, sondern das Recht selbst in seinem Ursprung angreift. Ist nämlich Gewalt, schicksalhaft gekrönte Gewalt, dessen Ursprung, so liegt die Vermutung nicht fern, daß in der höchsten Gewalt, in der über Leben und Tod, wo sie in der Rechtsordnung auftritt, deren Ursprünge repräsentativ in das Bestehende hineinragen und in ihm sich furchtbar manifestieren. Hiermit stimmt überein, daß die Todesstrafe in primitiven Rechtsverhältnissen auch auf Delikte wie Eigentumsvergehen gesetzt ist, zu denen sie ganz außer »Verhältnis« zu stehen scheint. Ihr Sinn ist denn auch nicht, den Rechtsbruch zu strafen, sondern das neue Recht zu statuieren. Denn in der Ausübung der Gewalt über Leben und Tod bekräftigt mehr als in irgendeinem andern Rechtsvollzug das Recht sich selbst. Eben in ihr aber kündigt zugleich irgend etwas Morsches im Recht am vernehmlichsten dem feineren Gefühl sich an, weil dieses sich von Verhältnissen, in welchen das Schicksal in eigner Majestät in einem solchen Vollzug sich gezeigt hätte, unendlich fern weiß. Der Verstand aber muß diesen Verhältnissen sich um so entschiedener zu nähern suchen, wenn er die Kritik der rechtsetzenden wie der rechtserhaltenden Gewalt zum Abschluß bringen will.

In einer weit widernatürlicheren Verbindung als in der Todesstrafe, in einer gleichsam gespenstischen Vermischung, sind diese beiden Arten der Gewalt in einer andern Institution des modernen Staates, der Polizei, gegenwärtig. Diese ist zwar eine Gewalt zu Rechtszwecken (mit Verfügungsrecht), aber mit der gleichzeitigen Befugnis, diese in weiten Grenzen selbst zu setzen (mit Verordnungsrecht). Das Schmachvolle einer solchen Behörde, das nur deshalb von wenigen gefühlt wird, weil ihre Befugnisse zu den gröblichsten Eingriffen nur selten ausreichen, desto blinder freilich in den verletzbarsten Bezirken und gegen Besonnene, vor denen den Staat nicht die Gesetze schützen, schalten dürfen, liegt darin, daß in ihr die Trennung von rechtsetzender und rechtserhaltender Gewalt aufgehoben ist. Wird von der ersten verlangt, daß sie im Siege sich ausweise, so unterliegt die zweite der Einschränkung, daß sie nicht neue Zwecke sich setze. Von beiden Bedingungen ist die Polizeigewalt emanzipiert. Sie ist rechtsetzende – denn deren charakteristische Funktion ist ja nicht die Promulgation von Gesetzen, sondern jedweder Erlaß, den sie mit Rechtsanspruch ergehen läßt – und sie ist rechtserhaltende, weil sie sich jenen Zwecken zur Verfügung stellt. Die Behauptung, daß die Zwecke der Polizeigewalt mit denen des übrigen Rechts stets identisch oder auch nur verbunden wären, ist durchaus unwahr. Vielmehr bezeichnet das »Recht« der Polizei im Grunde den Punkt, an welchem der Staat, sei es aus Ohnmacht, sei es wegen der immanenten Zusammenhänge jeder Rechtsordnung, seine empirischen Zwecke, die er um jeden Preis zu erreichen wünscht, nicht mehr durch die Rechtsordnung sich garantieren kann. Daher greift »der Sicherheit wegen« die Polizei in zahllosen Fällen ein, wo keine klare Rechtslage vorliegt, wenn sie nicht ohne jegliche Beziehung auf Rechtszwecke den Bürger als eine brutale Belästigung durch das von Verordnungen geregelte Leben begleitet oder ihn schlechtweg überwacht. Im Gegensatz zum Recht, welches in der nach Ort und Zeit fixierten »Entscheidung« eine metaphysische Kategorie anerkennt, durch die es Anspruch auf Kritik erhebt, trifft die Betrachtung des Polizeiinstituts auf nichts Wesenhaftes. Seine Gewalt ist gestaltlos wie seine nirgends faßbare, allverbreitete gespenstische Erscheinung im Leben der zivilisierten Staaten. Und mag Polizei auch im einzelnen sich überall gleichsehen, so ist zuletzt doch nicht zu verkennen, daß ihr Geist weniger verheerend ist, wo sie in der absoluten Monarchie die Gewalt des Herrschers, in welcher sich legislative und exekutive Machtvollkommenheit vereinigt, repräsentiert, als in Demokratien, wo ihr Bestehen durch keine derartige Beziehung gehoben, die denkbar größte Entartung der Gewalt bezeugt.

Alle Gewalt ist als Mittel entweder rechtsetzend oder rechtserhaltend. Wenn sie auf keines dieser beiden Prädikate Anspruch erhebt, so verzichtet sie damit selbst auf jede Geltung. Daraus aber folgt, daß jede Gewalt als Mittel selbst im günstigsten Falle an der Problematik des Rechts überhaupt teilhat. Und wenn auch deren Bedeutung an dieser Stelle der Untersuchung noch nicht mit Gewißheit abzusehen ist, so erscheint doch nach dem Ausgeführten das Recht in so zweideutiger sittlicher Beleuchtung, daß die Frage sich von selbst aufdrängt, ob es zur Regelung widerstreitender menschlicher Interessen keine anderen Mittel als gewaltsame gebe. Vor allem nötigt sie festzustellen, daß eine völlig gewaltlose Beilegung von Konflikten niemals auf einen Rechtsvertrag hinauslaufen kann. Dieser nämlich führt, wie sehr er auch friedlich von den Vertragschließenden eingegangen sein mag, doch zuletzt auf mögliche Gewalt. Denn er verleiht jedem Teil das Recht, gegen den andern Gewalt in irgendeiner Art in Anspruch zu nehmen, falls dieser vertragsbrüchig werden sollte. Nicht allein das: wie der Ausgang, so verweist auch der

Ursprung jeden Vertrages auf Gewalt. Sie braucht als rechtsetzende zwar nicht unmittelbar in ihm gegenwärtig zu sein, aber vertreten ist sie in ihm, sofern die Macht, welche den Rechtsvertrag garantiert, ihrerseits gewaltsamen Ursprungs ist, wenn sie nicht eben in jenem Vertrag selbst durch Gewalt rechtmäßig eingesetzt wird. Schwindet das Bewußtsein von der latenten Anwesenheit der Gewalt in einem Rechtsinstitut, so verfällt es. Dafür bilden in dieser Zeit die Parlamente ein Beispiel. Sie bieten das bekannte jammervolle Schauspiel, weil sie sich der revolutionären Kräfte, denen sie ihr Dasein verdanken, nicht bewußt geblieben sind. In Deutschland insbesondere ist denn auch die letzte Manifestation solcher Gewalten für die Parlamente folgenlos verlaufen. Ihnen fehlt der Sinn für die rechtsetzende Gewalt, die in ihnen repräsentiert ist; kein Wunder, daß sie zu Beschlüssen, welche dieser Gewalt würdig wären, nicht gelangen, sondern im Kompromiß eine vermeintlich gewaltlose Behandlungsweise politischer Angelegenheiten pflegen. Dieses aber bleibt ein »wenn auch noch so sehr alle offene Gewalt verschmähendes, dennoch in der Mentalität der Gewalt liegendes Produkt, weil die zum Kompromiß führende Strebung nicht von sich aus, sondern von außen, eben von der Gegenstrebung, motiviert wird, weil aus jedem Kompromiß, wie freiwillig auch immer aufgenommen, der Zwangscharakter nicht weggedacht werden kann. ›Besser wäre es anders‹ ist das Grundempfinden jeden Kompromisses.«[2] – Bezeichnenderweise hat der Verfall der Parlamente von dem Ideal einer gewaltlosen Schlichtung politischer Konflikte vielleicht ebensoviele Geister abwendig gemacht, wie der Krieg ihm zugeführt hat. Den Pazifisten stehen die Bolschewisten und Syndikalisten gegenüber. Sie haben eine vernichtende und im ganzen treffende Kritik an den heutigen Parlamenten geübt. So wünschenswert und erfreulich dennoch vergleichsweise ein hochstehendes Parlament sein mag, so wird man bei der Erörterung prinzipiell

---

2 Erich Unger: Politik und Metaphysik. (Die Theorie. Versuche zu philosophischer Politik, 1. Veröffentlichung.) Berlin 1921, p. 8.

gewaltloser Mittel politischer Übereinkunft nicht vom Parlamentarismus handeln können. Denn was er in vitalen Angelegenheiten erreicht, können nur jene im Ursprung und Ausgang mit Gewalt behafteten Rechtsordnungen sein.
Ist überhaupt gewaltlose Beilegung von Konflikten möglich? Ohne Zweifel. Die Verhältnisse zwischen Privatpersonen sind voll von Beispielen dafür. Gewaltlose Einigung findet sich überall, wo die Kultur des Herzens den Menschen reine Mittel der Übereinkunft an die Hand gegeben hat. Den rechtmäßigen und rechtswidrigen Mitteln aller Art, die doch samt und sonders Gewalt sind, dürfen nämlich als reine Mittel die gewaltlosen gegenübergestellt werden. Herzenshöflichkeit, Neigung, Friedensliebe, Vertrauen und was sich sonst hier noch nennen ließe, sind deren subjektive Voraussetzung. Ihre objektive Erscheinung aber bestimmt das Gesetz (dessen gewaltige Tragweite hier nicht zu erörtern ist), daß reine Mittel niemals solche unmittelbarer, sondern stets mittelbarer Lösungen sind. Sie beziehen sich daher niemals unmittelbar auf die Schlichtung der Konflikte zwischen Mensch und Mensch, sondern nur auf dem Wege über die Sachen. In der sachlichsten Beziehung menschlicher Konflikte auf Güter eröffnet sich das Gebiet der reinen Mittel. Darum ist Technik im weitesten Sinne des Wortes deren eigenstes Bereich. Ihr tiefgreifendstes Beispiel ist vielleicht die Unterredung als eine Technik ziviler Übereinkunft betrachtet. In ihr ist nämlich gewaltlose Einigung nicht allein möglich, sondern die prinzipielle Ausschaltung der Gewalt ist ganz ausdrücklich an einem bedeutenden Verhältnis zu belegen: an der Straflosigkeit der Lüge. Es gibt vielleicht keine Gesetzgebung auf der Erde, welche sie ursprünglich bestraft. Darin spricht sich aus, daß es eine in dem Grade gewaltlose Sphäre menschlicher Übereinkunft gibt, daß sie der Gewalt vollständig unzugänglich ist: die eigentliche Sphäre der »Verständigung«, die Sprache. Erst spät und in einem eigentümlichen Verfallsprozeß ist die Rechtsgewalt dennoch in sie eingedrungen, indem sie den Betrug unter Strafe stellte. Während nämlich die Rechtsord-

nung an ihrem Ursprung im Vertrauen auf ihre siegreiche Gewalt sich begnügt, die rechtswidrige zu schlagen, wo sie sich gerade zeigt, und der Betrug, da er selbst nichts von Gewalt an sich hat, nach dem Grundsatz ius civile vigilantibus scriptum est bzw. Augen für Geld im römischen und altgermanischen Recht straffrei war, fühlte das Recht einer späteren Zeit, dem es an Vertrauen in seine eigene Gewalt gebrach, nicht mehr wie das frühere aller fremden sich gewachsen. Vielmehr bezeichnet Furcht vor ihr und Mißtrauen in sich selbst seine Erschütterung. Es beginnt sich Zwecke in der Absicht zu setzen, der rechtserhaltenden Gewalt stärkere Manifestationen zu ersparen. Es wendet sich also gegen den Betrug nicht aus moralischen Erwägungen, sondern aus Furcht vor den Gewalttätigkeiten, die er im Betrogenen auslösen könnte. Da solche Furcht im Widerstreit mit der eigenen Gewaltnatur des Rechts aus seinen Ursprüngen her liegt, so sind derartige Zwecke den berechtigten Mitteln des Rechts unangemessen. In ihnen bekundet sich nicht nur der Verfall seiner eigenen Sphäre, sondern zugleich auch eine Minderung der reinen Mittel. Denn im Verbot des Betruges schränkt das Recht den Gebrauch völlig gewaltloser Mittel ein, weil diese reaktiv Gewalt erzeugen könnten. Die gedachte Tendenz des Rechtes hat auch bei der Einräumung des Streikrechts, das den Interessen des Staates widerspricht, mitgewirkt. Das Recht gibt es frei, weil es gewaltsame Handlungen, denen entgegenzutreten es fürchtet, hintan hält. Griffen doch vordem die Arbeiter sogleich zur Sabotage und steckten die Fabriken an. – Um Menschen zum friedlichen Ausgleich ihrer Interessen diesseits aller Rechtsordnung zu bewegen, gibt es abgesehen von allen Tugenden zuletzt ein wirksames Motiv, das auch dem sprödesten Willen jene reinen Mittel statt gewaltsamer oft genug in die Hand gibt, in der Furcht vor gemeinsamen Nachteilen, die aus der gewaltsamen Auseinandersetzung zu entstehen drohen, wie auch immer sie ausfalle. Solche liegen beim Interessenkonflikt zwischen Privatpersonen in zahllosen Fällen klar zutage. Anders, wenn Klassen und Nationen im Streit liegen, wobei jene höheren Ordnungen, welche den Sieger und den Besiegten gleichermaßen zu überwältigen drohen, den meisten dem Gefühl und fast allen der Einsicht nach noch verborgen sind. Hier würde das Aufsuchen solcher höheren Ordnungen und der ihnen entsprechenden gemeinsamen Interessen, welche das nachhaltigste Motiv für eine Politik der reinen Mittel abgeben, zu weit führen[3]. Daher möge nur auf reine Mittel der Politik selbst als Analogon zu denen, die den friedlichen Umgang zwischen Privatpersonen beherrschen, hingewiesen werden.

Was die Klassenkämpfe betrifft, so muß in ihnen der Streik unter gewissen Bedingungen als ein reines Mittel gelten. Zwei wesentlich verschiedene Arten des Streiks, deren Möglichkeit schon erwogen wurde, sind hier eingehender zu kennzeichnen. Sorel hat das Verdienst, sie – mehr auf Grund politischer als rein theoretischer Erwägungen – zuerst unterschieden zu haben. Er stellt sie als politischen und proletarischen Generalstreik einander gegenüber. Zwischen ihnen besteht auch in der Beziehung auf die Gewalt ein Gegensatz. Von den Parteigängern des ersteren gilt: »Stärkung der Staatsgewalt ist die Grundlage ihrer Konzeptionen; in ihren gegenwärtigen Organisationen bereiten die Politiker (sc. die gemäßigt sozialistischen) schon die Anlage einer starken zentralisierten und disziplinierten Gewalt vor, die durch die Kritik der Opposition sich nicht beirren lassen wird, die Schweigen aufzuerlegen wissen und ihre verlogenen Dekrete erlassen wird.«[4] »Der politische Generalstreik ... demonstriert, wie der Staat nichts von seiner Kraft verlieren wird, wie die Macht von Privilegierten auf Privilegierte übergeht, wie die Masse der Produzenten ihre Herren wechseln wird.«[5] Diesem politischen Generalstreik gegenüber (dessen Formel übrigens die der verflossenen deutschen Revolution zu sein scheint), setzt der proletarische sich die eine einzige Aufgabe

---

3 Siehe aber Unger a. a. O. p. 18 ff.
4 Georges Sorel: Réflexions sur la violence, 5ᵉ édition, Paris 1919, p. 250.
5 Ebenda p. 265.

der Vernichtung der Staatsgewalt. Er »schaltet alle ideologischen Konsequenzen jeder möglichen Sozialpolitik aus; seine Parteigänger sehen auch die populärsten Reformen als bürgerlich an«. »Dieser Generalstreik bekundet ganz deutlich seine Gleichgültigkeit gegen den materiellen Gewinn der Eroberung, indem er erklärt, daß er den Staat aufheben will; der Staat war wirklich ... der Daseinsgrund der herrschenden Gruppen, die von allen Unternehmungen, deren Lasten die Gesamtheit trägt, den Nutzen haben.«[7] Während die erste Form der Arbeitseinstellung Gewalt ist, da sie nur eine äußerliche Modifikation der Arbeitsbedingungen veranlaßt, so ist die zweite als ein reines Mittel gewaltlos. Denn sie geschieht nicht in der Bereitschaft, nach äußerlichen Konzessionen und irgendwelcher Modifikation der Arbeitsbedingungen wieder die Arbeit aufzunehmen, sondern im Entschluß, nur eine gänzlich veränderte Arbeit, eine nicht staatlich erzwungene, wieder aufzunehmen, ein Umsturz, den diese Art des Streikes nicht sowohl veranlaßt als vielmehr vollzieht. Daher denn auch die erste dieser Unternehmungen rechtsetzend, die zweite dagegen anarchistisch ist. Im Anschluß an gelegentliche Äußerungen von Marx weist Sorel jede Art von Programmen, Utopien, mit einem Wort von Rechtsetzungen für die revolutionäre Bewegung zurück: »Mit dem Generalstreik verschwinden alle diese schönen Dinge; die Revolution erscheint als eine klare, einfache Revolte und es ist ein Platz weder den Soziologen vorbehalten noch den eleganten Amateuren von Sozialreformen, noch den Intellektuellen, die es sich zum Beruf gemacht haben, für das Proletariat zu denken.«[8] Dieser tiefen, sittlichen und echt revolutionären Konzeption kann auch keine Erwägung gegenübertreten, die wegen seiner möglichen katastrophalen Folgen einen solchen Generalstreik als Gewalt brandmarken möchte. Wenn man auch mit Recht sagen dürfte, daß die heu-

6 Ebenda p. 195.
7 Ebenda p. 249.
8 Ebenda p. 200.

tige Wirtschaft als Ganzes angesehen viel weniger einer Maschine vergleichbar ist, die stillsteht, wenn ihr Heizer sie verläßt, als einer Bestie, die rast, sobald ihr Bändiger ihr den Rücken gekehrt hat, so darf dennoch über die Gewaltsamkeit einer Handlung ebensowenig nach ihren Wirkungen wie nach ihren Zwecken, sondern allein nach dem Gesetz ihrer Mittel geurteilt werden. Die Staatsgewalt freilich, welche nur die Wirkungen ins Auge faßt, tritt gerade solchem Streik im Gegensatz zu den meist tatsächlich erpresserischen Partialstreiken als angeblicher Gewalt entgegen. Inwiefern übrigens eine so rigorose Konzeption des Generalstreiks als solche die Entfaltung eigentlicher Gewalt in den Revolutionen zu vermindern geeignet ist, hat Sorel mit sehr geistvollen Gründen ausgeführt. – Dagegen ist ein hervorragender Fall gewalttätiger Unterlassung, unsittlicher und roher als der politische Generalstreik, verwandt der Blockade, der Streik der Ärzte, wie mehrere deutsche Städte ihn gesehen haben. In ihm zeigt sich aufs Abstoßendste skrupellose Gewaltanwendung, die geradezu verworfen ist bei einer Berufsklasse, die jahrelang ohne den leisesten Versuch eines Widerstandes »dem Tod seine Beute gesichert hat«, um danach bei der ersten Gelegenheit das Leben aus freien Stücken preiszugeben. – Deutlicher als in den jungen Klassenkämpfen haben in der jahrtausendealten Geschichte von Staaten sich Mittel gewaltloser Übereinkunft herausgebildet. Nur gelegentlich besteht die Aufgabe der Diplomaten im gegenseitigen Verkehr in der Modifikation von Rechtsordnungen. Im wesentlichen haben sie ganz nach Analogie der Übereinkunft zwischen Privatpersonen im Namen ihrer Staaten friedlich und ohne Verträge von Fall zu Fall deren Konflikte beizulegen. Eine zarte Aufgabe, die resoluter von Schiedsgerichten gelöst wird, eine Methode der Lösung aber, welche grundsätzlich höher steht als die schiedsgerichtliche, weil jenseits aller Rechtsordnung und also Gewalt. So hat denn wie der Umgang von Privatpersonen auch der der Diplomaten eigene Formen und Tugenden hervorgebracht, die, weil sie äußerlich geworden, es darum nicht immer gewesen sind.

Im ganzen Bereich der Gewalten, die Naturrecht wie positives Recht absehen, findet sich keine, welche von der angedeuteten schweren Problematik jeder Rechtsgewalt frei wäre. Da dennoch jede Vorstellung einer irgendwie denkbaren Lösung menschlicher Aufgaben, ganz zu geschweigen einer Erlösung aus dem Bannkreis aller bisherigen weltgeschichtlichen Daseinslagen, unter völliger und prinzipieller Ausschaltung jedweder Gewalt unvollziehbar bleibt, so nötigt sich die Frage nach andern Arten der Gewalt auf, als alle Rechtstheorie ins Auge faßt. Zugleich die Frage nach der Wahrheit des jenen Theorien gemeinsamen Grunddogmas: Gerechte Zwecke können durch berechtigte Mittel erreicht, berechtigte Mittel an gerechte Zwecke gewendet werden. Wie also, wenn jene Art schicksalsmäßiger Gewalt, wie sie berechtigte Mittel einsetzt, mit gerechten Zwecken an sich in unversöhnlichem Widerstreit liegen würde, und wenn zugleich eine Gewalt anderer Art absehbar werden sollte, die dann freilich zu jenen Zwecken nicht das berechtigte noch das unberechtigte Mittel sein könnte, sondern überhaupt nicht als Mittel zu ihnen, vielmehr irgendwie anders, sich verhalten würde? Damit würde ein Licht auf die seltsame und zunächst entmutigende Erfahrung von der letztlichen Unentscheidbarkeit aller Rechtsprobleme fallen (welche vielleicht in ihrer Aussichtslosigkeit nur mit der Unmöglichkeit bündiger Entscheidung über »richtig« und »falsch« in werdenden Sprachen zu vergleichen ist). Entscheidet doch über Berechtigung von Mitteln und Gerechtigkeit von Zwecken niemals die Vernunft, sondern schicksalhafte Gewalt über jene, über diese aber Gott. Eine Einsicht, die nur deshalb selten ist, weil die hartnäckige Gewohnheit herrscht, jene gerechten Zwecke als Zwecke eines möglichen Rechts, d. h. nicht nur als allgemeingültig (was analytisch aus dem Merkmal der Gerechtigkeit folgt), sondern auch als verallgemeinerungsfähig zu denken, was diesem Merkmal, wie sich zeigen ließe, widerspricht. Denn Zwecke, welche für eine Situation gerecht, allgemein anzuerkennen, allgemeingültig sind, sind dies für keine andere, wenn auch in anderen Beziehungen noch so ähnliche Lage. – Eine nicht mittelbare Funktion der Gewalt, wie sie hier in Frage steht, zeigt schon die tägliche Lebenserfahrung. Was den Menschen angeht, so führt ihn zum Beispiel der Zorn zu den sichtbarsten Ausbrüchen von Gewalt, die sich nicht als Mittel auf einen vorgesetzten Zweck bezieht. Sie ist nicht Mittel, sondern Manifestation. Und zwar kennt diese Gewalt durchaus objektive Manifestationen, in denen sie der Kritik unterworfen werden kann. Diese finden sich höchst bedeutend zunächst im Mythos.

Die mythische Gewalt in ihrer urbildlichen Form ist bloße Manifestation der Götter. Nicht Mittel ihrer Zwecke, kaum Manifestation ihres Willens, am ersten Manifestation ihres Daseins. Die Niobesage enthält von ihr ein hervorragendes Beispiel. Zwar könnte es scheinen, die Handlung Apollons und der Artemis sei nur eine Strafe. Aber ihre Gewalt richtet viel mehr ein Recht auf, als für Übertretung eines bestehenden zu strafen. Niobes Hochmut beschwört das Verhängnis über sich herauf, nicht weil er das Recht verletzt, sondern weil er das Schicksal herausfordert – zu einem Kampf, in dem es siegen muß und ein Recht erst allenfalls im Siege zutage fördert. Wie wenig solche göttliche Gewalt im antiken Sinne die rechtserhaltende der Strafe war, zeigen die Heroensagen, in denen der Held, wie z. B. Prometheus, mit würdigem Mute das Schicksal herausfordert, wechselnden Glückes mit ihm kämpft und von der Sage nicht ohne Hoffnung gelassen wird, ein neues Recht dereinst den Menschen zu bringen. Dieser Heros und die Rechtsgewalt des ihm eingeborenen Mythos ist es eigentlich, die das Volk noch heute, wenn es den großen Missetäter bewundert, sich zu vergegenwärtigen sucht. Die Gewalt bricht also aus der unsicheren, zweideutigen Sphäre des Schicksals über Niobe herein. Sie ist nicht eigentlich zerstörend. Trotzdem sie Niobes Kindern den blutigen Tod bringt, hält sie vor dem Leben der Mutter ein, welches sie durch das Ende der Kinder nur verschuldeter als vordem als ewigen stummen Träger der Schuld wie auch als

Markstein der Grenze zwischen Menschen und Göttern zurückläßt. Wenn diese unmittelbare Gewalt in mythischen Manifestationen der rechtsetzenden sich nächstverwandt, ja identisch erweisen möchte, so fällt von ihr aus eine Problematik auf die rechtsetzende zurück, sofern diese oben in der Darstellung der kriegerischen Gewalt als eine nur mittelartige charakterisiert wurde. Zugleich verspricht dann dieser Zusammenhang mehr Licht über das Schicksal, das der Rechtsgewalt in allen Fällen zugrunde liegt, zu verbreiten und deren Kritik in großen Zügen zu Ende zu führen. Die Funktion der Gewalt in der Rechtsetzung ist nämlich zwiefach in dem Sinne, daß die Rechtsetzung zwar dasjenige, *was* als Recht eingesetzt wird, als ihren Zweck mit der Gewalt als Mittel erstrebt, im Augenblick der Einsetzung des Bezweckten als Recht aber die Gewalt nicht abdankt, sondern sie nun erst im strengen Sinne und zwar unmittelbar zur rechtsetzenden macht, indem sie nicht einen von Gewalt freien und unabhängigen, sondern notwendig und innig an sie gebundenen Zweck als Recht unter dem Namen der Macht einsetzt. Rechtsetzung ist Machtsetzung und insofern ein Akt von unmittelbarer Manifestation der Gewalt. Gerechtigkeit ist das Prinzip aller göttlichen Zwecksetzung, Macht das Prinzip aller mythischen Rechtsetzung.

Dieses letztere erfährt eine ungeheuer folgenschwere Anwendung im Staatsrecht. In seinem Bereich nämlich ist die Grenzsetzung, wie sie der »Friede« aller Kriege des mythischen Zeitalters vornimmt, das Urphänomen rechtsetzender Gewalt überhaupt. Auf das deutlichste zeigt sich in ihr, daß Macht mehr als der überschwenglichste Gewinn an Besitz von aller rechtsetzenden Gewalt gewährleistet werden soll. Wo Grenzen festgesetzt werden, da wird der Gegner nicht schlechterdings vernichtet, ja es werden ihm, auch wo beim Sieger die überlegenste Gewalt steht, Rechte zuerkannt. Und zwar in dämonisch-zweideutiger Weise »gleiche« Rechte: Für beide Vertragschließenden ist es die gleiche Linie, die nicht überschritten werden darf. Hiermit tritt in furchtbarer

Ursprünglichkeit dieselbe mythische Zweideutigkeit der Gesetze, die nicht »übertreten« werden dürfen, in Erscheinung, von der Anatole France satirisch spricht, wenn er sagt: Sie verbieten es Armen und Reichen gleichermaßen, unter Brückenbogen zu nächtigen. Auch scheint es, daß Sorel an eine nicht nur kulturhistorische, sondern metaphysische Wahrheit rührt, wenn er vermutet, daß in den Anfängen alles Recht »Vor«recht der Könige oder der Großen, kurz der Mächtigen gewesen sei. Das wird es nämlich mutatis mutandis bleiben, solange es besteht. Denn unter dem Gesichtspunkt der Gewalt, welche das Recht allein garantieren kann, gibt es keine Gleichheit, sondern bestenfalls gleich große Gewalten. Der Akt der Grenzsetzung aber ist für die Erkenntnis des Rechts noch in anderer Hinsicht bedeutungsvoll. Gesetzte und umschriebene Grenzen bleiben, wenigstens in Urzeiten, ungeschriebene Gesetze. Der Mensch kann sie ahnungslos überschreiten und so der Sühne verfallen. Denn jener Eingriff des Rechts, den die Verletzung des ungeschriebenen und unbekannten Gesetzes heraufbeschwört, heißt zum Unterschied von der Strafe die Sühne. Aber so unglücklich sie den Ahnungslosen treffen mag, ihr Eintritt ist im Sinne des Rechts nicht Zufall, sondern Schicksal, das sich hier nochmals in seiner planvollen Zweideutigkeit darstellt. Schon Hermann Cohen hat es in einer flüchtigen Betrachtung der antiken Schicksalsvorstellung eine »Einsicht, die unausweichlich wird,« genannt, daß es seine »Ordnungen selbst sind, welche dieses Heraustreten, diesen Abfall zu veranlassen und herbeizuführen scheinen.«[9] Von diesem Geiste des Rechts legt noch der moderne Grundsatz, daß Unkenntnis des Gesetzes nicht vor Strafe schützt, Zeugnis ab, wie auch der Kampf um das geschriebene Recht in der Frühzeit der antiken Gemeinwesen als Rebellion gegen den Geist mythischer Satzungen zu verstehen ist.

---

9 Hermann Cohen: Ethik des reinen Willens, 2. rev. Aufl., Berlin 1907, p. 362.

Weit entfernt, eine reinere Sphäre zu eröffnen, zeigt die mythische Manifestation der unmittelbaren Gewalt sich im tiefsten mit aller Rechtsgewalt identisch und macht die Ahnung von deren Problematik zur Gewißheit von der Verderblichkeit ihrer geschichtlichen Funktion, deren Vernichtung damit zur Aufgabe wird. Gerade diese Aufgabe legt in letzter Instanz noch einmal die Frage nach einer reinen unmittelbaren Gewalt vor, welche der mythischen Einhalt zu gebieten vermöchte. Wie in allen Bereichen dem Mythos Gott, so tritt der mythischen Gewalt die göttliche entgegen. Und zwar bezeichnet sie zu ihr der Gegensatz in allen Stücken. Ist die mythische Gewalt rechtsetzend, so die göttliche rechtsvernichtend, setzt jene Grenzen, so vernichtet diese grenzenlos, ist die mythische verschuldend und sühnend zugleich, so die göttliche entsühnend, ist jene drohend, so diese schlagend, jene blutig, so diese auf unblutige Weise letal. Der Niobesage mag als Exempel dieser Gewalt Gottes Gericht an der Rotte Korah gegenübertreten. Es trifft Bevorrechtete, Leviten, trifft sie unangekündigt, ohne Drohung, schlagend und macht nicht Halt vor der Vernichtung. Aber es ist zugleich eben in ihr entsühnend und ein tiefer Zusammenhang zwischen dem unblutigen und entsühnenden Charakter dieser Gewalt nicht zu verkennen. Denn Blut ist das Symbol des bloßen Lebens. Die Auslösung der Rechtsgewalt geht nun, wie hier nicht genauer dargelegt werden kann, auf die Verschuldung des bloßen natürlichen Lebens zurück, welche den Lebenden unschuldig und unglücklich der Sühne überantwortet, die seine Verschuldung »sühnt« – und auch wohl den Schuldigen entsühnt, nicht aber von einer Schuld, sondern vom Recht. Denn mit dem bloßen Leben hört die Herrschaft des Rechtes über den Lebendigen auf. Die mythische Gewalt ist Blutgewalt über das bloße Leben um ihrer selbst, die göttliche reine Gewalt über alles Leben um des Lebendigen willen. Die erste fordert Opfer, die zweite nimmt sie an.
Diese göttliche Gewalt bezeugt sich nicht durch die religiöse Überlieferung allein, vielmehr findet sie mindestens in einer

geheiligten Manifestation sich auch im gegenwärtigen Leben vor. Was als erzieherische Gewalt in ihrer vollendeten Form außerhalb des Rechtes steht, ist eine ihrer Erscheinungsformen. Diese definieren sich also nicht dadurch, daß Gott selber unmittelbar sie in Wundern ausübt, sondern durch jene Momente des unblutigen, schlagenden, entsühnenden Vollzuges. Endlich durch die Abwesenheit jeder Rechtsetzung. Insofern ist es zwar berechtigt, diese Gewalt auch vernichtend zu nennen; sie ist dies aber nur relativ, in Rücksicht auf Güter, Recht, Leben u. dgl., niemals absolut in Rücksicht auf die Seele des Lebendigen. – Eine solche Ausdehnung reiner oder göttlicher Gewalt wird freilich gerade gegenwärtig die heftigsten Angriffe herausfordern und man wird ihr mit dem Hinweis entgegentreten, daß sie nach ihrer Deduktion folgerecht auch die letale Gewalt den Menschen bedingungsweise gegeneinander freigebe. Das wird nicht eingeräumt. Denn auf die Frage »Darf ich töten?« ergeht die unverrückbare Antwort als Gebot »Du sollst nicht töten«. Dieses Gebot steht vor der Tat wie Gott »davor sei«, daß sie geschehe. Aber es bleibt freilich, so wahr es nicht Furcht vor Strafe sein darf, die zu seiner Befolgung anhält, unanwendbar, inkommensurabel gegenüber der vollbrachten Tat. Aus ihm folgt über diese kein Urteil. Und so ist denn im vorhinein weder das göttliche Urteil über sie abzusehen noch dessen Grund. Darum sind die nicht im Recht, welche die Verurteilung einer jeden gewaltsamen Tötung des Menschen durch den Mitmenschen aus dem Gebot begründen. Dieses steht nicht als Maßstab des Urteils, sondern als Richtschnur des Handelns für die handelnde Person oder Gemeinschaft, die mit ihm in ihrer Einsamkeit sich auseinanderzusetzen und in ungeheuren Fällen die Verantwortung von ihm abzusehen auf sich zu nehmen haben. So verstand es auch das Judentum, welches die Verurteilung der Tötung in der Notwehr ausdrücklich abwies. – Aber jene Denker gehen auf ein ferneres Theorem zurück, aus dem sie vielleicht sogar das Gebot seinerseits zu begründen gedenken. Dieses ist der Satz von der Heiligkeit des Lebens, den sie entweder auf alles animalische oder gar vegetabile Leben beziehen oder auf das menschliche einschränken. Ihre Argumentation sieht in einem extremen Fall, der auf die revolutionäre Tötung der Unterdrücker exemplifiziert, folgendermaßen aus: »töte ich nicht, so errichte ich nimmermehr das Weltreich der Gerechtigkeit ... so denkt der geistige Terrorist ... Wir aber bekennen, daß höher noch als Glück und Gerechtigkeit eines Daseins .. Dasein an sich steht«[10]. So gewiß dieser letzte Satz falsch, sogar unedel ist, so gewiß deckt er die Verpflichtung auf, nicht länger den Grund des Gebotes in dem zu suchen, was die Tat am Gemordeten, sondern in dem, was sie an Gott und am Täter selbst tut. Falsch und niedrig ist der Satz, daß Dasein höher als gerechtes Dasein stehe, wenn Dasein nichts als bloßes Leben bedeuten soll – und in dieser Bedeutung steht er in der genannten Überlegung. Eine gewaltige Wahrheit aber enthält er, wenn Dasein (oder besser Leben) – Worte, deren Doppelsinn durchaus dem des Wortes Frieden analog aus ihrer Beziehung auf je zwei Sphären aufzulösen ist – den unverrückbaren Aggregatzustand von »Mensch« bedeutet. Wenn der Satz sagen will, das Nichtsein des Menschen sei etwas Furchtbareres als das (unbedingt: bloße) Nochnichtsein des gerechten Menschen. Dieser Zweideutigkeit verdankt der genannte Satz seine Scheinbarkeit. Der Mensch fällt eben um keinen Preis zusammen mit dem bloßen Leben des Menschen, so wenig mit dem bloßen Leben in ihm wie mit irgendwelchen andern seiner Zustände und Eigenschaften, ja nicht einmal mit der Einzigkeit seiner leiblichen Person. So heilig der Mensch ist (oder auch dasjenige Leben in ihm, welches identisch in Erdenleben, Tod und Fortleben liegt), so wenig sind es seine Zustände, so wenig ist es sein leibliches, durch Mitmenschen verletzliches Leben. Was unterscheidet es denn wesentlich von dem der Tiere und Pflanzen? Und selbst wenn diese hei-

---

10 Kurt Hiller: Anti-Kain. Ein Nachwort [...]. In: Das Ziel. Jahrbücher für geistige Politik. Hrsg. von Kurt Hiller. Bd. 3, München 1919, p. 25.

lig wären, könnten sie es doch nicht um ihres bloßen Lebens willen, nicht in ihm sein. Dem Ursprung des Dogmas von der Heiligkeit des Lebens nachzuforschen möchte sich verlohnen. Vielleicht, ja wahrscheinlich ist es jung, als die letzte Verirrung der geschwächten abendländischen Tradition, den Heiligen, den sie verlor, im kosmologisch Undurchdringlichen zu suchen. (Das Alter aller religiösen Gebote gegen den Mord besagt hiergegen nichts, weil diesen andere Gedanken als dem modernen Theorem zugrunde liegen.) Zuletzt gibt es zu denken, daß, was heilig gesprochen wird, dem alten mythischen Denken nach der gezeichnete Träger der Verschuldung ist: das bloße Leben.

Die Kritik der Gewalt ist die Philosophie ihrer Geschichte. Die »Philosophie« dieser Geschichte deswegen, weil die Idee ihres Ausgangs allein eine kritische, scheidende und entscheidende Einstellung auf ihre zeitlichen Data ermöglicht. Ein nur aufs Nächste gerichteter Blick vermag höchstens ein dialektisches Auf und Ab in den Gestaltungen der Gewalt als rechtsetzender und rechtserhaltender zu gewahren. Dessen Schwankungsgesetz beruht darauf, daß jede rechtserhaltende Gewalt in ihrer Dauer die rechtsetzende, welche in ihr repräsentiert ist, durch die Unterdrückung der feindlichen Gegengewalten indirekt selbst schwächt. (Auf einige Symptome hiervon ist im Laufe der Untersuchung verwiesen worden.) Dies währt so lange, bis entweder neue Gewalten oder die früher unterdrückten über die bisher rechtsetzende Gewalt siegen und damit ein neues Recht zu neuem Verfall begründen. Auf der Durchbrechung dieses Umlaufs im Banne der mythischen Rechtsformen, auf der Entsetzung des Rechts samt den Gewalten, auf die es angewiesen ist wie sie auf jenes, zuletzt also der Staatsgewalt, begründet sich ein neues geschichtliches Zeitalter. Wenn die Herrschaft des Mythos hie und da im Gegenwärtigen schon gebrochen ist, so liegt jenes Neue nicht in so unvorstellbarer Fernflucht, daß ein Wort gegen das Recht sich von selbst erledigte. Ist aber der Gewalt auch jenseits des Rechtes ihr Bestand als reine unmittelbare gesichert, so ist damit erwiesen, daß und wie auch die revolutionäre Gewalt möglich ist, mit welchem Namen die höchste Manifestation reiner Gewalt durch den Menschen zu belegen ist. Nicht gleich möglich noch auch gleich dringend ist aber für Menschen die Entscheidung, wann reine Gewalt in einem bestimmten Falle wirklich war. Denn nur die mythische, nicht die göttliche, wird sich als solche mit Gewißheit erkennen lassen, es sei denn in unvergleichlichen Wirkungen, weil die entsühnende Kraft der Gewalt für Menschen nicht zutage liegt. Von neuem stehen der reinen göttlichen Gewalt alle ewigen Formen frei, die der Mythos mit dem Recht bastardierte. Sie vermag im wahren Kriege genau so zu erscheinen wie im Gottesgericht der Menge am Verbrecher. Verwerflich aber ist alle mythische Gewalt, die rechtsetzende, welche die schaltende genannt werden darf. Verwerflich auch die rechtserhaltende, die verwaltete Gewalt, die ihr dient. Die göttliche Gewalt, welche Insignium und Siegel, niemals Mittel heiliger Vollstreckung ist, mag die waltende heißen.

Theologisch-politisches Fragment

Erst der Messias selbst vollendet alles historische Geschehen, und zwar in dem Sinne, daß er dessen Beziehung auf das Messianische selbst erst erlöst, vollendet, schafft. Darum kann nichts Historisches von sich aus sich auf Messianisches beziehen wollen. Darum ist das Reich Gottes nicht das Telos der historischen Dynamis; es kann nicht zum Ziel gesetzt werden. Historisch gesehen ist es nicht Ziel, sondern Ende. Darum kann die Ordnung des Profanen nicht am Gedanken des Gottesreiches aufgebaut werden, darum hat die Theokratie keinen politischen sondern allein einen religiösen Sinn. Die politische Bedeutung der Theokratie mit aller Intensität geleugnet zu haben ist das größte Verdienst von Blochs »Geist der Utopie«.

Die Ordnung des Profanen hat sich aufzurichten an der Idee des Glücks. Die Beziehung dieser Ordnung auf das Messianische ist eines der wesentlichen Lehrstücke der Geschichtsphilosophie. Und zwar ist von ihr aus eine mystische Geschichtsauffassung bedingt, deren Problem in einem Bilde sich darlegen läßt. Wenn eine Pfeilrichtung das Ziel, in welchem die Dynamis des Profanen wirkt, bezeichnet, eine andere die Richtung der messianischen Intensität, so strebt freilich das Glückssuchen der freien Menschheit von jener messianischen Richtung fort, aber wie eine Kraft durch ihren Weg eine andere auf entgegengesetzt gerichtetem Wege zu befördern vermag, so auch die profane Ordnung des Profanen das Kommen des messianischen Reiches. Das Profane also ist zwar keine Kategorie des Reichs, aber eine Kategorie, und zwar der zutreffendsten eine, seines leisesten Nahens. Denn im Glück erstrebt alles Irdische seinen Untergang, nur im Glück aber ist ihm der Untergang zu finden bestimmt. – Während freilich die unmittelbare messianische Intensität des Herzens, des innern einzelnen Menschen durch Unglück,

im Sinne des Leidens hindurchgeht. Der geistlichen restitutio in integrum, welche in die Unsterblichkeit einführt, entspricht eine weltliche, die in die Ewigkeit eines Unterganges führt und der Rhythmus dieses ewig vergehenden, in seiner Totalität vergehenden, in seiner räumlichen, aber auch zeitlichen Totalität vergehenden Weltlichen, der Rhythmus der messianischen Natur, ist Glück. Denn messianisch ist die Natur aus ihrer ewigen und totalen Vergängnis.
Diese zu erstreben, auch für diejenigen Stufen des Menschen, welche Natur sind, ist die Aufgabe der Weltpolitik, deren Methode Nihilismus zu heißen hat.

Erfahrung und Armut

In unseren Lesebüchern stand die Fabel vom alten Mann, der auf dem Sterbebette den Söhnen weismacht, in seinem Weinberg sei ein Schatz verborgen. Sie sollten nur nachgraben. Sie gruben, aber keine Spur von Schatz. Als jedoch der Herbst kommt, trägt der Weinberg wie kein anderer im ganzen Land. Da merken sie, der Vater gab ihnen eine Erfahrung mit: Nicht im Golde steckt der Segen sondern im Fleiß. Solche Erfahrungen hat man uns, drohend oder begütigend, so lange wir heranwuchsen, entgegengehalten: »Grüner Junge, er will schon mitreden.« »Du wirst's schon noch erfahren.« Man wußte auch genau, was Erfahrung war: immer hatten die älteren Leute sie an die jüngeren gegeben. In Kürze, mit der Autorität des Alters, in Sprichwörtern; weitschweifig mit seiner Redseligkeit, in Geschichten; manchmal als Erzählung aus fremden Ländern, am Kamin, vor Söhnen und Enkeln. – Wo ist das alles hin? Wer trifft noch auf Leute, die rechtschaffen etwas erzählen können? Wo kommen von Sterbenden heute noch so haltbare Worte, die wie ein Ring von Geschlecht zu Geschlecht wandern? Wem springt heute noch ein Sprichwort hilfreich zur Seite? Wer wird auch nur versuchen, mit der Jugend unter Hinweis auf seine Erfahrung fertig zu werden?

Nein, soviel ist klar: die Erfahrung ist im Kurse gefallen und das in einer Generation, die 1914–1918 eine der ungeheuersten Erfahrungen der Weltgeschichte gemacht hat. Vielleicht ist das nicht so merkwürdig wie das scheint. Konnte man damals nicht die Feststellung machen: die Leute kamen verstummt aus dem Felde? Nicht reicher, ärmer an mitteilbarer Erfahrung. Was sich dann zehn Jahre danach in der Flut der Kriegsbücher ergossen hat, war alles andere als Erfahrung, die vom Mund zum Ohr strömt. Nein, merkwürdig war das nicht. Denn nie sind Erfahrungen gründlicher Lügen gestraft worden als die strategischen durch den Stellungskrieg, die wirtschaftlichen durch die Inflation, die körperlichen durch den Hunger, die sittlichen durch die Machthaber. Eine Generation, die noch mit der Pferdebahn zur Schule gefahren war, stand unter freiem Himmel in einer Landschaft, in der nichts unverändert geblieben war als die Wolken, und in der Mitte, in einem Kraftfeld zerstörender Ströme und Explosionen, der winzige gebrechliche Menschenkörper.

Eine ganz neue Armseligkeit ist mit dieser ungeheuren Entfaltung der Technik über die Menschen gekommen. Und von dieser Armseligkeit ist der beklemmende Ideenreichtum, der mit der Wiederbelebung von Astrologie und Yogaweisheit, Christian Science und Chiromantie, Vegetarianismus und Gnosis, Scholastik und Spiritismus unter – oder vielmehr über – die Leute kam, die Kehrseite. Denn nicht echte Wiederbelebung findet hier statt, sondern eine Galvanisierung. Man muß an die großartigen Gemälde von Ensor denken, auf denen ein Spuk die Straßen großer Städte erfüllt: karnevalistisch vermummte Spießbürger, mehlbestäubte verzerrte Masken, Flitterkronen über der Stirne, wälzen sich unabsehbar die Gassen entlang. Diese Gemälde sind vielleicht nicht so sehr als Abbild der schauerlichen und chaotischen Renaissance, auf die so viele ihre Hoffnungen stellen. Aber hier zeigt sich am deutlichsten: unsere Erfahrungsarmut ist nur ein Teil der großen Armut, die wieder ein Gesicht – von solcher Schärfe und Genauigkeit wie das der Bettler im Mittelalter – bekommen hat. Denn was ist das ganze Bildungsgut wert, wenn uns nicht eben Erfahrung mit ihm verbindet? Wohin es führt, wenn sie geheuchelt oder erschlichen wird, das hat das grauenhafte Mischmasch der Stile und der Weltanschauungen im vorigen Jahrhundert uns zu deutlich gemacht, als daß wir unsere Armut zu bekennen nicht für ehrenwert halten müßten. Ja, gestehen wir es ein: Diese Erfahrungsarmut ist Armut nicht nur an privaten sondern an Menschheitserfahrungen überhaupt. Und damit eine Art von neuem Barbarentum.

Barbarentum? In der Tat. Wir sagen es, um einen neuen, positiven Begriff des Barbarentums einzuführen. Denn wohin bringt die Armut an Erfahrung den Barbaren? Sie bringt ihn dahin, von vorn zu beginnen; von Neuem anzufangen; mit Wenigem auszukommen; aus Wenigem heraus zu konstruieren und dabei weder rechts noch links zu blicken. Unter den großen Schöpfern hat es immer die Unerbittlichen gegeben, die erst einmal reinen Tisch machten. Sie wollten nämlich einen Zeichentisch haben, sie sind Konstrukteure gewesen. So ein Konstrukteur war Descartes, der zunächst einmal für seine ganze Philosophie nichts haben wollte als die eine einzige Gewißheit: »Ich denke, also bin ich« und von der ging er aus. Auch Einstein war ein solcher Konstrukteur, den plötzlich von der ganzen weiten Welt der Physik gar nichts mehr interessierte, als eine einzige kleine Unstimmigkeit zwischen den Gleichungen Newtons und den Erfahrungen der Astronomie. Und dieses selbe Vonvornbeginnen hatten die Künstler im Auge, als sie sich an die Mathematiker hielten und die Welt wie die Kubisten aus stereometrischen Formen aufbauten, oder als sie wie Klee sich an Ingenieure anlehnten. Denn Klees Figuren sind gleichsam auf dem Reißbrett entworfen und gehorchen, wie ein gutes Auto auch in der Karosserie vor allem den Notwendigkeiten des Motors, so im Ausdruck ihrer Mienen vor allem dem Innern. Dem Innern mehr als der Innerlichkeit: das macht sie barbarisch.
Hie und da haben längst die besten Köpfe begonnen, sich ihren Vers auf diese Dinge zu machen. Gänzliche Illusionslosigkeit über das Zeitalter und dennoch ein rückhaltloses Bekenntnis zu ihm ist ihr Kennzeichen. Es ist das Gleiche, ob der Dichter Bert Brecht feststellt, Kommunismus sei nicht die gerechte Verteilung des Reichtums sondern der Armut oder ob der Vorläufer der modernen Architektur Adolf Loos erklärt: »Ich schreibe nur für Menschen, die modernes Empfinden besitzen ... Für Menschen, die sich in Sehnsucht nach der Renaissance oder dem Rokoko verzehren, schreibe ich nicht.« Ein so verschachtelter Künstler wie der Maler Paul

Erfahrung und Armut 137

Klee und ein so programmatischer wie Loos – beide stoßen vom hergebrachten, feierlichen, edlen, mit allen Opfergaben der Vergangenheit geschmückten Menschenbilde ab, um sich dem nackten Zeitgenossen zuzuwenden, der schreiend wie ein Neugeborenes in den schmutzigen Windeln dieser Epoche liegt. Niemand hat ihn froher und lachender begrüßt als Paul Scheerbart. Von ihm gibt es Romane, die von weitem wie ein Jules Verne aussehen, aber sehr zum Unterschied von Verne, bei dem in den tollsten Vehikeln doch immer nur kleine französische oder englische Rentner im Weltraum herumsausen, hat Scheerbart sich für die Frage interessiert, was unsere Teleskope, unsere Flugzeuge und Luftraketen aus den ehemaligen Menschen für gänzlich neue sehens- und liebenswerte Geschöpfe machen. Übrigens reden auch diese Geschöpfe bereits in einer gänzlich neuen Sprache. Und zwar ist das Entscheidende an ihr der Zug zum willkürlichen Konstruktiven; im Gegensatz zum Organischen nämlich. Der ist das Unverwechselbare in der Sprache von Scheerbarts Menschen oder vielmehr Leuten; denn die Menschenähnlichkeit – diesen Grundsatz des Humanismus – lehnen sie ab. Sogar in ihren Eigennamen: Peka, Labu, Sofanti und ähnlich heißen die Leute in dem Buch, das den Namen nach seinem Helden hat: »Lesabéndio«. Auch die Russen geben ihren Kindern gerne »entmenschte« Namen: sie nennen sie Oktober nach dem Revolutionsmonat oder »Pjatiletka«, nach dem Fünfjahrplan, oder »Awiachim« nach einer Gesellschaft für Luftfahrt. Keine technische Erneuerung der Sprache, sondern ihre Mobilisierung im Dienste des Kampfes oder der Arbeit; jedenfalls der Veränderung der Wirklichkeit, nicht ihrer Beschreibung.

Scheerbart aber, um wieder auf ihn zurückzukommen, legt darauf den größten Wert, seine Leute – und nach deren Vorbilde seine Mitbürger – in standesgemäßen Quartieren unterzubringen: in verschiebbaren beweglichen Glashäusern wie Loos und Le Corbusier sie inzwischen aufführten. Glas ist nicht umsonst ein so hartes und glattes Material, an dem sich nichts festsetzt. Auch ein kaltes und nüchternes. Die Dinge aus Glas haben keine »Aura«. Das Glas ist überhaupt der Feind des Geheimnisses. Es ist auch der Feind des Besitzes. Der große Dichter André Gide hat einmal gesagt: Jedes Ding, das ich besitzen will, wird mir undurchsichtig. Träumen Leute wie Scheerbart etwa darum von Glasbauten, weil sie Bekenner einer neuen Armut sind? Aber vielleicht sagt hier ein Vergleich mehr als die Theorie. Betritt einer das bürgerliche Zimmer der 80er Jahre, so ist bei aller »Gemütlichkeit«, die es vielleicht ausstrahlt, der Eindruck »hier hast du nichts zu suchen« der stärkste. Hier hast du nichts zu suchen – denn hier ist kein Fleck, auf dem nicht der Bewohner seine Spur schon hinterlassen hätte: auf den Gesimsen durch Nippessachen, auf dem Polstersessel durch Deckchen, auf den Fenstern durch Transparente, vor dem Kamin durch den Ofenschirm. Ein schönes Wort von Brecht hilft hier fort, weit fort: »Verwisch die Spuren!« heißt der Refrain im ersten Gedicht des »Lesebuch für Städtebewohner«. Hier im bürgerlichen Zimmer ist das entgegengesetzte Verhalten zur Gewohnheit geworden. Und umgekehrt nötigt das Intérieur dem Bewohner, das Höchstmaß von Gewohnheiten anzunehmen, Gewohnheiten, die mehr dem Intérieur, in welchem er lebt, als ihm selber gerecht werden. Das versteht jeder, der die absurde Verfassung noch kennt, in welche die Bewohner solcher Plüschgelasse gerieten, wenn im Haushalt etwas entzweigegangen war. Selbst ihre Art sich zu ärgern – und diesen Affekt, der allmählich auszusterben beginnt, konnten sie virtuos spielen lassen – war vor allem die Reaktion eines Menschen, dem man »die Spur von seiner Erdetagen« verwischt hat. Das haben nun Scheerbart mit seinem Glas und das Bauhaus mit seinem Stahl zuwege gebracht: sie haben Räume geschaffen, in denen es schwer ist, Spuren zu hinterlassen. »Nach dem Gesagten«, erklärt Scheerbart vor nun zwanzig Jahren, »können wir wohl von einer ›Glaskultur‹ sprechen. Das neue Glas-Milieu wird den Menschen vollkommen umwandeln. Und es ist nun nur zu wünschen, daß die neue Glaskultur nicht allzu viele Gegner findet.«

Erfahrung und Armut 139

Erfahrungsarmut: das muß man nicht so verstehen, als ob die Menschen sich nach neuer Erfahrung sehnten. Nein, sie sehnen sich von Erfahrungen freizukommen, sie sehnen sich nach einer Umwelt, in der sie ihre Armut, die äußere und schließlich auch die innere, so rein und deutlich zur Geltung bringen können, daß etwas Anständiges dabei herauskommt. Sie sind auch nicht immer unwissend oder unerfahren. Oft kann man das Umgekehrte sagen: Sie haben das alles »gefressen«, »die Kultur« und den »Menschen« und sie sind übersatt daran geworden und müde. Niemand fühlt sich mehr als sie von Scheerbarts Worten betroffen: »Ihr seid alle so müde – und zwar nur deshalb, weil Ihr nicht alle Eure Gedanken um einen ganz einfachen aber ganz großartigen Plan konzentriert.« Auf Müdigkeit folgt Schlaf, und da ist es denn gar nichts Seltenes, daß der Traum für die Traurigkeit und Mutlosigkeit des Tages entschädigt und das ganz einfache aber ganz großartige Dasein, zu dem im Wachen die Kraft fehlt, verwirklicht zeigt. Das Dasein von Micky-Maus ist ein solcher Traum der heutigen Menschen. Dieses Dasein ist voller Wunder, die nicht nur die technischen überbieten, sondern sich über sie lustig machen. Denn das Merkwürdigste an ihnen ist ja, daß sie allesamt ohne Maschinerie, improvisiert, aus dem Körper der Micky-Maus, ihrer Partisanen und ihrer Verfolger, aus den alltäglichsten Möbeln genau so wie aus Baum, Wolken oder See hervorgehen. Natur und Technik, Primitivität und Komfort sind hier vollkommen eins geworden und vor den Augen der Leute, die an den endlosen Komplikationen des Alltags müde geworden sind und denen der Zweck des Lebens nur als fernster Fluchtpunkt in einer unendlichen Perspektive von Mitteln auftaucht, erscheint erlösend ein Dasein, das in jeder Wendung auf die einfachste und zugleich komfortabelste Art sich selbst genügt, in dem ein Auto nicht schwerer wiegt als ein Strohhut und die Frucht am Baum so schnell sich rundet wie die Gondel eines Luftballons. Und nun wollen wir einmal Abstand halten, zurücktreten.

Arm sind wir geworden. Ein Stück des Menschheitserbes nach dem anderen haben wir dahingegeben, oft um ein Hundertstel des Wertes im Leihhaus hinterlegen müssen, um die kleine Münze des »Aktuellen« dafür vorgestreckt zu bekommen. In der Tür steht die Wirtschaftskrise, hinter ihr ein Schatten, der kommende Krieg. Festhalten ist heut Sache der wenigen Mächtigen geworden, die weiß Gott nicht menschlicher sind als die vielen; meist barbarischer, aber nicht auf die gute Art. Die anderen aber haben sich einzurichten, neu und mit Wenigem. Sie halten es mit den Männern, die das von Grund auf Neue zu ihrer Sache gemacht und es auf Einsicht und Verzicht begründet haben. In deren Bauten, Bildern und Geschichten bereitet die Menschheit sich darauf vor, die Kultur, wenn es sein muß, zu überleben. Und was die Hauptsache ist, sie tut es lachend. Vielleicht klingt dieses Lachen hie und da barbarisch. Gut. Mag doch der Einzelne bisweilen ein wenig Menschlichkeit an jene Masse abgeben, die sie eines Tages ihm mit Zins und Zinseszinsen wiedergibt.

Über den Begriff der Geschichte

I

Bekanntlich soll es einen Automaten gegeben haben, der so konstruiert gewesen sei, daß er jeden Zug eines Schachspielers mit einem Gegenzuge erwidert habe, der ihm den Gewinn der Partie sicherte. Eine Puppe in türkischer Tracht, eine Wasserpfeife im Munde, saß vor dem Brett, das auf einem geräumigen Tisch aufruhte. Durch ein System von Spiegeln wurde die Illusion erweckt, dieser Tisch sei von allen Seiten durchsichtig. In Wahrheit saß ein buckliger Zwerg darin, der ein Meister im Schachspiel war und die Hand der Puppe an Schnüren lenkte. Zu dieser Apparatur kann man sich ein Gegenstück in der Philosophie vorstellen. Gewinnen soll immer die Puppe, die man ›historischen Materialismus‹ nennt. Sie kann es ohne weiteres mit jedem aufnehmen, wenn sie die Theologie in ihren Dienst nimmt, die heute bekanntlich klein und häßlich ist und sich ohnehin nicht darf blicken lassen.

II

»Zu den bemerkenswerthesten Eigenthümlichkeiten des menschlichen Gemüths«, sagt Lotze, »gehört ... neben so vieler Selbstsucht im Einzelnen die allgemeine Neidlosigkeit jeder Gegenwart gegen ihre Zukunft.« Diese Reflexion führt darauf, daß das Bild von Glück, das wir hegen, durch und durch von der Zeit tingirt ist, in welche der Verlauf unseres eigenen Daseins uns nun einmal verwiesen hat. Glück, das Neid in uns erwecken könnte, gibt es nur in der Luft, die wir geatmet haben, mit Menschen, zu denen wir hätten reden, mit Frauen, die sich uns hätten geben können. Es schwingt, mit andern Worten, in der Vorstellung des Glücks unveräußerlich die der Erlösung mit. Mit der Vorstellung von Vergangenheit, welche die Geschichte zu ihrer Sache macht, verhält es sich ebenso. Die Vergangenheit führt einen heimlichen Index mit, durch den sie auf die Erlösung verwiesen wird. Streift denn uns selber nicht ein Hauch der Luft, die um die Früheren gewesen ist? ist nicht in Stimmen, denen wir unser Ohr schenken, ein Echo von nun verstummten? haben die Frauen, die wir umwerben, nicht Schwestern, die sie nicht mehr gekannt haben? Ist dem so, dann besteht eine geheime Verabredung zwischen den gewesenen Geschlechtern und unserem. Dann sind wir auf der Erde erwartet worden. Dann ist uns wie jedem Geschlecht, das vor uns war, eine *schwache* messianische Kraft mitgegeben, an welche die Vergangenheit Anspruch hat. Billig ist dieser Anspruch nicht abzufertigen. Der historische Materialist weiß darum.

III

Der Chronist, welcher die Ereignisse hererzählt, ohne große und kleine zu unterscheiden, trägt damit der Wahrheit Rechnung, daß nichts was sich jemals ereignet hat, für die Geschichte verloren zu geben ist. Freilich fällt erst der erlösten Menschheit ihre Vergangenheit vollauf zu. Das will sagen: erst der erlösten Menschheit ist ihre Vergangenheit in jedem ihrer Momente zitierbar geworden. Jeder ihrer gelebten Augenblicke wird zu einer citation à l'ordre du jour – welcher Tag eben der jüngste ist.

IV

> Trachtet am ersten nach Nahrung und Kleidung,
> so wird euch das Reich Gottes von selbst zufallen.
>
> Hegel, 1807

Der Klassenkampf, der einem Historiker, der an Marx geschult ist, immer vor Augen steht, ist ein Kampf um die rohen und materiellen Dinge, ohne die es keine feinen und spirituellen gibt. Trotzdem sind diese letztern im Klassenkampf anders zugegen denn als die Vorstellung einer Beute, die an den Sieger fällt. Sie sind als Zuversicht, als Mut, als Humor, als List, als Unentwegtheit in diesem Kampf lebendig und sie wirken in die Ferne der Zeit zurück. Sie werden immer von neuem jeden Sieg, der den Herrschenden jemals zugefallen ist, in Frage stellen. Wie Blumen ihr Haupt nach der Sonne wenden, so strebt kraft eines Heliotropismus geheimer Art, das Gewesene *der* Sonne sich zuzuwenden, die am Himmel der Geschichte im Aufgehen ist. Auf diese unscheinbarste von allen Veränderungen muß sich der historische Materialist verstehen.

V

Das wahre Bild der Vergangenheit *huscht* vorbei. Nur als Bild, das auf Nimmerwiedersehen im Augenblick seiner Erkennbarkeit eben aufblitzt, ist die Vergangenheit festzuhalten. »Die Wahrheit wird uns nicht davonlaufen« – dieses Wort, das von Gottfried Keller stammt, bezeichnet im Geschichtsbild des Historismus genau die Stelle, an der es vom historischen Materialismus durchschlagen wird. Denn es ist ein unwiederbringliches Bild der Vergangenheit, das mit jeder Gegenwart zu verschwinden droht, die sich nicht als in ihm gemeint erkannte.

VI

Vergangenes historisch artikulieren heißt nicht, es erkennen ›wie es denn eigentlich gewesen ist‹. Es heißt, sich einer Erinnerung bemächtigen, wie sie im Augenblick einer Gefahr aufblitzt. Dem historischen Materialismus geht es darum, ein Bild der Vergangenheit festzuhalten, wie es sich im Augenblick der Gefahr dem historischen Subjekt unversehens einstellt. Die Gefahr droht sowohl dem Bestand der Tradition wie ihren Empfängern. Für beide ist sie ein und dieselbe: sich zum Werkzeug der herrschenden Klasse herzugeben. In jeder Epoche muß versucht werden, die Überlieferung von neuem dem Konformismus abzugewinnen, der im Begriff steht, sie zu überwältigen. Der Messias kommt ja nicht nur als der Erlöser; er kommt als der Überwinder des Antichrist. Nur *dem* Geschichtsschreiber wohnt die Gabe bei, im Vergangenen den Funken der Hoffnung anzufachen, der davon durchdrungen ist: auch die Toten werden vor dem Feind, wenn er siegt, nicht sicher sein. Und dieser Feind hat zu siegen nicht aufgehört.

VII

> Bedenkt das Dunkel und die große Kälte
> In diesem Tale, das von Jammer schallt.
> Brecht, *Die Dreigroschenoper*

Fustel de Coulanges empfiehlt dem Historiker, wolle er eine Epoche nacherleben, so solle er alles, was er vom spätern Verlauf der Geschichte wisse, sich aus dem Kopf schlagen. Besser ist das Verfahren nicht zu kennzeichnen, mit dem der historische Materialismus gebrochen hat. Es ist ein Verfahren der Einfühlung. Sein Ursprung ist die Trägheit des Herzens, die acedia, welche daran verzagt, des echten historischen Bildes sich zu bemächtigen, das flüchtig aufblitzt. Sie galt bei der

Theologen des Mittelalters als der Urgrund der Traurigkeit. Flaubert, der Bekanntschaft mit ihr gemacht hatte, schreibt: »Peu de gens devineront combien il a fallu être triste pour ressusciter Carthage.« Die Natur dieser Traurigkeit wird deutlicher, wenn man die Frage aufwirft, in wen sich denn der Geschichtsschreiber des Historismus eigentlich einfühlt. Die Antwort lautet unweigerlich in den Sieger. Die jeweils Herrschenden sind aber die Erben aller, die je gesiegt haben. Die Einfühlung in den Sieger kommt demnach den jeweils Herrschenden allemal zugut. Damit ist dem historischen Materialisten genug gesagt. Wer immer bis zu diesem Tage den Sieg davontrug, der marschiert mit in dem Triumphzug, der die heute Herrschenden über die dahinführt, die heute am Boden liegen. Die Beute wird, wie das immer so üblich war, im Triumphzug mitgeführt. Man bezeichnet sie als die Kulturgüter. Sie werden im historischen Materialisten mit einem distanzierten Betrachter zu rechnen haben. Denn was er an Kulturgütern überblickt, das ist ihm samt und sonders von einer Abkunft, die er nicht ohne Grauen bedenken kann. Es dankt sein Dasein nicht nur der Mühe der großen Genien, die es geschaffen haben, sondern auch der namenlosen Fron ihrer Zeitgenossen. Es ist niemals ein Dokument der Kultur, ohne zugleich ein solches der Barbarei zu sein. Und wie es selbst nicht frei ist von Barbarei, so ist es auch der Prozeß der Überlieferung nicht, in der es von dem einen an den andern gefallen ist. Der historische Materialist rückt daher nach Maßgabe des Möglichen von ihr ab. Er betrachtet es als seine Aufgabe, die Geschichte gegen den Strich zu bürsten.

VIII

Die Tradition der Unterdrückten belehrt uns darüber, daß der ›Ausnahmezustand‹, in dem wir leben, die Regel ist. Wir müssen zu einem Begriff der Geschichte kommen, der dem entspricht. Dann wird uns als unsere Aufgabe die Herbeiführung des wirklichen Ausnahmezustands vor Augen stehen; und dadurch wird unsere Position im Kampf gegen den Faschismus sich verbessern. Dessen Chance besteht nicht zuletzt darin, daß die Gegner ihm im Namen des Fortschritts als einer historischen Norm begegnen. – Das Staunen darüber, daß die Dinge, die wir erleben, im zwanzigsten Jahrhundert ›noch‹ möglich sind, ist *kein* philosophisches. Es steht nicht am Anfang einer Erkenntnis, es sei denn der, daß die Vorstellung von Geschichte, aus der es stammt, nicht zu halten ist.

IX

> Mein Flügel ist zum Schwung bereit
> *ich kehrte gern zurück*
> denn blieb' ich auch lebendige Zeit
> ich hätte wenig Glück.
>
> Gerhard Scholem, *Gruß vom Angelus*

Es gibt ein Bild von Klee, das Angelus Novus heißt. Ein Engel ist darauf dargestellt, der aussieht, als wäre er im Begriff, sich von etwas zu entfernen, worauf er starrt. Seine Augen sind aufgerissen, sein Mund steht offen und seine Flügel sind ausgespannt. Der Engel der Geschichte muß so aussehen. Er hat das Antlitz der Vergangenheit zugewendet. Wo eine Kette von Begebenheiten vor *uns* erscheint, da sieht *er* eine einzige Katastrophe, die unablässig Trümmer auf Trümmer häuft und sie ihm vor die Füße schleudert. Er möchte wohl verweilen, die Toten wecken und das Zerschlagene zusammenfügen. Aber ein Sturm weht vom Paradiese her, der sich in seinen Flügeln verfangen hat und so stark ist, daß der Engel sie nicht mehr schließen kann. Dieser Sturm treibt ihn unaufhaltsam in die Zukunft, der er den Rücken kehrt, während der Trümmerhaufen vor ihm zum Himmel wächst. Das, was wir den Fortschritt nennen, ist *dieser* Sturm.

X

Die Gegenstände, die die Klosterregel den Brüdern zur Meditation anwies, hatten die Aufgabe, sie der Welt und ihrem Treiben abhold zu machen. Der Gedankengang, den wir hier verfolgen, ist aus einer ähnlichen Bestimmung hervorgegangen. Er beabsichtigt in einem Augenblick, da die Politiker, auf die die Gegner des Faschismus gehofft hatten, am Boden liegen und ihre Niederlage mit dem Verrat an der eigenen Sache bekräftigen, das politische Weltkind aus den Netzen zu lösen, mit denen sie es umgarnt hatten. Die Betrachtung geht davon aus, daß der sture Fortschrittsglaube dieser Politiker, ihr Vertrauen in ihre ›Massenbasis‹ und schließlich ihre servile Einordnung in einen unkontrollierbaren Apparat drei Seiten derselben Sache gewesen sind. Sie sucht einen Begriff davon zu geben, wie *teuer* unser gewohntes Denken eine Vorstellung von Geschichte zu stehen kommt, die jede Komplizität mit der vermeidet, an der diese Politiker weiter festhalten.

XI

Der Konformismus, der von Anfang an in der Sozialdemokratie heimisch gewesen ist, haftet nicht nur an ihrer politischen Taktik, sondern auch an ihren ökonomischen Vorstellungen. Er ist eine Ursache des späteren Zusammenbruchs. Es gibt nichts, was die deutsche Arbeiterschaft in dem Grade korrumpiert hat wie die Meinung, *sie* schwimme mit dem Strom. Die technische Entwicklung galt ihr als das Gefälle des Stromes, mit dem sie zu schwimmen meinte. Von da war es nur ein Schritt zu der Illusion, die Fabrikarbeit, die im Zuge des technischen Fortschritts gelegen sei, stelle eine politische Leistung dar. Die alte protestantische Werkmoral feierte in säkularisierter Gestalt bei den deutschen Arbeitern ihre Auferstehung. Das Gothaer Programm trägt bereits Spuren dieser Verwirrung an sich. Es definiert die Arbeit als

»die Quelle alles Reichtums und aller Kultur«. Böses ahnend, entgegnete Marx darauf, daß der Mensch, der kein anderes Eigentum besitze als seine Arbeitskraft, »der Sklave der andern Menschen sein muß, die sich zu Eigentümern ... gemacht haben«. Unbeschadet dessen greift die Konfusion weiter um sich, und bald darauf verkündet Josef Dietzgen: »Arbeit heißt der Heiland der neueren Zeit ... In der Verbesserung ... der Arbeit ... besteht der Reichtum, der jetzt vollbringen kann, was bisher kein Erlöser vollbracht hat.« Dieser vulgär-marxistische Begriff von dem, was die Arbeit ist, hält sich bei der Frage nicht lange auf, wie ihr Produkt den Arbeitern selber anschlägt, solange sie nicht darüber verfügen können. Er will nur die Fortschritte der Naturbeherrschung, nicht die Rückschritte der Gesellschaft wahr haben. Er weist schon die technokratischen Züge auf, die später im Faschismus begegnen werden. Zu diesen gehört ein Begriff der Natur, der sich auf unheilverkündende Art von dem in den sozialistischen Utopien des Vormärz abhebt. Die Arbeit, wie sie nunmehr verstanden wird, läuft auf die Ausbeutung der Natur hinaus, welche man mit naiver Genugtuung der Ausbeutung des Proletariats gegenüber stellt. Mit dieser positivistischen Konzeption verglichen erweisen die Phantastereien, die so viel Stoff zur Verspottung eines Fourier gegeben haben, ihren überraschend gesunden Sinn. Nach Fourier sollte die wohlbeschaffene gesellschaftliche Arbeit zur Folge haben, daß vier Monde die irdische Nacht erleuchteten, daß das Eis sich von den Polen zurückziehen, daß das Meerwasser nicht mehr salzig schmecke und die Raubtiere in den Dienst des Menschen träten. Das alles illustriert eine Arbeit, die, weit entfernt die Natur auszubeuten, von den Schöpfungen sie zu entbinden imstande ist, die als mögliche in ihrem Schoße schlummern. Zu dem korrumpierten Begriff von Arbeit gehört als sein Komplement *die* Natur, welche, wie Dietzgen sich ausgedrückt hat, »gratis da ist«.

XII

> Wir brauchen Historie, aber wir brauchen sie anders, als sie der verwöhnte Müßiggänger im Garten des Wissens braucht.
>
> Nietzsche, *Vom Nutzen und Nachteil der Historie für das Leben*

Das Subjekt historischer Erkenntnis ist die kämpfende, unterdrückte Klasse selbst. Bei Marx tritt sie als die letzte geknechtete, als die rächende Klasse auf, die das Werk der Befreiung im Namen von Generationen Geschlagener zu Ende führt. Dieses Bewußtsein, das für kurze Zeit im ›Spartacus‹ noch einmal zur Geltung gekommen ist, war der Sozialdemokratie von jeher anstößig. Im Lauf von drei Jahrzehnten gelang es ihr, den Namen eines Blanqui fast auszulöschen, dessen Erzklang das vorige Jahrhundert erschüttert hat. Sie gefiel sich darin, der Arbeiterklasse die Rolle einer Erlöserin *künftiger* Generationen zuzuspielen. Sie durchschnitt ihr damit die Sehne der besten Kraft. Die Klasse verlernte in dieser Schule gleich sehr den Haß wie den Opferwillen. Denn beide nähren sich an dem Bild der geknechteten Vorfahren, nicht am Ideal der befreiten Enkel.

XIII

> Wird doch unsere Sache alle Tage klarer und das Volk alle Tage klüger.
>
> Josef Dietzgen, *Sozialdemokratische Philosophie*

Die sozialdemokratische Theorie, und noch mehr die Praxis, wurde von einem Fortschrittsbegriff bestimmt, der sich nicht an die Wirklichkeit hielt, sondern einen dogmatischen Anspruch hatte. Der Fortschritt, wie er sich in den Köpfen der Sozialdemokraten malte, war, einmal, ein Fortschritt der Menschheit selbst (nicht nur ihrer Fertigkeiten und Kenntnisse). Er war, zweitens, ein unabschließbarer (einer unendlichen Perfektibilität der Menschheit entsprechender). Er galt, drittens, als ein wesentlich unaufhaltsamer (als ein selbsttätig eine grade oder spiralförmige Bahn durchlaufender). Jedes dieser Prädikate ist kontrovers, und an jedem könnte die Kritik ansetzen. Sie muß aber, wenn es hart auf hart kommt, hinter all diese Prädikate zurückgehen und sich auf etwas richten, was ihnen gemeinsam ist. Die Vorstellung eines Fortschritts des Menschengeschlechts in der Geschichte ist von der Vorstellung ihres eine homogene und leere Zeit durchlaufenden Fortgangs nicht abzulösen. Die Kritik an der Vorstellung dieses Fortgangs muß die Grundlage der Kritik an der Vorstellung des Fortschritts überhaupt bilden.

XIV

> Ursprung ist das Ziel.
> Karl Kraus, *Worte in Versen I*

Die Geschichte ist Gegenstand einer Konstruktion, deren Ort nicht die homogene und leere Zeit sondern die von Jetztzeit erfüllte bildet. So war für Robespierre das antike Rom eine mit Jetztzeit geladene Vergangenheit, die er aus dem Kontinuum der Geschichte heraussprengte. Die französische Revolution verstand sich als ein wiedergekehrtes Rom. Sie zitierte das alte Rom genau so wie die Mode eine vergangene Tracht zitiert. Die Mode hat die Witterung für das Aktuelle, wo immer es sich im Dickicht des Einst bewegt. Sie ist der Tigersprung ins Vergangene. Nur findet er in einer Arena statt, in der die herrschende Klasse kommandiert. Derselbe Sprung unter dem freien Himmel der Geschichte ist der dialektische als den Marx die Revolution begriffen hat.

XV

Das Bewußtsein, das Kontinuum der Geschichte aufzusprengen, ist den revolutionären Klassen im Augenblick ihrer Aktion eigentümlich. Die Große Revolution führte einen neuen Kalender ein. Der Tag, mit dem ein Kalender einsetzt, fungiert als ein historischer Zeitraffer. Und es ist im Grunde genommen derselbe Tag, der in Gestalt der Feiertage, die Tage des Eingedenkens sind, immer wiederkehrt. Die Kalender zählen die Zeit also nicht wie Uhren. Sie sind Monumente eines Geschichtsbewußtseins, von dem es in Europa seit hundert Jahren nicht mehr die leisesten Spuren zu geben scheint. Noch in der Juli-Revolution hatte sich ein Zwischenfall zugetragen, in dem dieses Bewußtsein zu seinem Recht gelangte. Als der Abend des ersten Kampftages gekommen war, ergab es sich, daß an mehreren Stellen von Paris unabhängig von einander und gleichzeitig nach den Turmuhren geschossen wurde. Ein Augenzeuge, der seine Divination vielleicht dem Reim zu verdanken hat, schrieb damals:

> Qui le croirait! on dit qu'irrités contre l'heure
> De nouveaux Josués, au pied de chaque tour,
> Tiraient sur les cadrans pour arrêter le jour.

XVI

Auf den Begriff einer Gegenwart, die nicht Übergang ist sondern in der die Zeit einsteht und zum Stillstand gekommen ist, kann der historische Materialist nicht verzichten. Denn dieser Begriff definiert eben *die* Gegenwart, in der er für seine Person Geschichte schreibt. Der Historismus stellt das ›ewige‹ Bild der Vergangenheit, der historische Materialist eine Erfahrung mit ihr, die einzig dasteht. Er überläßt es andern, bei der Hure ›Es war einmal‹ im Bordell des Historismus sich auszugeben. Er bleibt seiner Kräfte Herr: Manns genug, das Kontinuum der Geschichte aufzusprengen.

XVII

Der Historismus gipfelt von rechtswegen in der Universalgeschichte. Von ihr hebt die materialistische Geschichtsschreibung sich methodisch vielleicht deutlicher als von jeder andern ab. Die erstere hat keine theoretische Armatur. Ihr Verfahren ist additiv: sie bietet die Masse der Fakten auf, um die homogene und leere Zeit auszufüllen. Der materialistischen Geschichtsschreibung ihrerseits liegt ein konstruktives Prinzip zugrunde. Zum Denken gehört nicht nur die Bewegung der Gedanken sondern ebenso ihre Stillstellung. Wo das Denken in einer von Spannungen gesättigten Konstellation plötzlich einhält, da erteilt es derselben einen Chock, durch den es sich als Monade kristallisiert. Der historische Materialist geht an einen geschichtlichen Gegenstand einzig und allein da heran, wo er ihm als Monade entgegentritt. In dieser Struktur erkennt er das Zeichen einer messianischen Stillstellung des Geschehens, anders gesagt, einer revolutionären Chance im Kampfe für die unterdrückte Vergangenheit. Er nimmt sie wahr, um eine bestimmte Epoche aus dem homogenen Verlauf der Geschichte herauszusprengen; so sprengt er ein bestimmtes Leben aus der Epoche, so ein bestimmtes Werk aus dem Lebenswerk. Der Ertrag seines Verfahrens besteht darin, daß *im* Werk das Lebenswerk, *im* Lebenswerk die Epoche und *in* der Epoche der gesamte Geschichtsverlauf aufbewahrt ist und aufgehoben. Die nahrhafte Frucht des historisch Begriffenen hat die Zeit als den kostbaren, aber des Geschmacks entratenden Samen in ihrem *Innern*.

XVIII

»Die kümmerlichen fünf Jahrzehntausende des homo sapiens«, sagt ein neuerer Biologe, »stellen im Verhältnis zur Geschichte des organischen Lebens auf der Erde etwas wie zwei Sekunden am Schluß eines Tages von vierundzwanzig

Stunden dar. Die Geschichte der zivilisierten Menschheit vollends würde, in diesen Maßstab eingetragen, ein Fünftel der letzten Sekunde der letzten Stunde füllen.« Die Jetztzeit, die als Modell der messianischen in einer ungeheueren Abbreviatur die Geschichte der ganzen Menschheit zusammenfaßt, fällt haarscharf mit *der* Figur zusammen, die die Geschichte der Menschheit im Universum macht.

⟨ Anhang ⟩

A

Der Historismus begnügt sich damit, einen Kausalnexus von verschiedenen Momenten der Geschichte zu etablieren. Aber kein Tatbestand ist als Ursache eben darum bereits ein historischer. Er ward das, posthum, durch Begebenheiten, die durch Jahrtausende von ihm getrennt sein mögen. Der Historiker, der davon ausgeht, hört auf, sich die Abfolge von Begebenheiten durch die Finger laufen zu lassen wie einen Rosenkranz. Er erfaßt die Konstellation, in die seine eigene Epoche mit einer ganz bestimmten früheren getreten ist. Er begründet so einen Begriff der Gegenwart als der ›Jetztzeit‹, in welcher Splitter der messianischen eingesprengt sind.

B

Sicher wurde die Zeit von den Wahrsagern, die ihr abfragten, was sie in ihrem Schoße birgt, weder als homogen noch als leer erfahren. Wer sich das vor Augen hält, kommt vielleicht zu einem Begriff davon, wie im Eingedenken die vergangene Zeit ist erfahren worden: nämlich ebenso. Bekanntlich war es den Juden untersagt, der Zukunft nachzuforschen. Die Thora und das Gebet unterweisen sie dagegen im Eingedenken. Dieses entzauberte ihnen die Zukunft, der die verfallen sind, die sich bei den Wahrsagern Auskunft holen. Den Juden wurde die Zukunft aber darum doch nicht zur homogenen und leeren Zeit. Denn in ihr war jede Sekunde die kleine Pforte, durch die der Messias treten konnte.

Theodor W. Adorno

Charakteristik Walter Benjamins

> ...und den Geräuschen des Tages zu lauschen, als wären es die Akkorde der Ewigkeit.
>
> Karl Kraus

Der Name des Philosophen, der auf der Flucht vor den Schergen Hitlers sein Leben auslöschte, hat in den fünfzehn Jahren, die seitdem vergingen, Nimbus gewonnen trotz des esoterischen Charakters seiner früheren Arbeiten und des fragmentarischen der späteren. Die Faszination von Person und œuvre ließ keinen Ausweg als magnetisches Hingezogensein oder schaudernde Abwehr. Unter dem Blick seiner Worte verwandelte sich, worauf immer er fiel, als wäre es radioaktiv geworden. Die Fähigkeit, unablässig neue Aspekte herzustellen, weniger indem er Konventionen kritisch durchbrach, als indem er durch seine innere Organisation zum Gegenstand sich verhielt, wie wenn die Konvention keine Macht über ihn hätte – diese Fähigkeit wird gleichwohl vom Begriff des Originellen kaum erreicht. Keiner der Einfälle des Unerschöpflichen dünkte je bloßer Einfall. Das Subjekt, dem leibhaft alle die originären Erfahrungen zuteil wurden, welche die offizielle zeitgenössische Philosophie einzig formal beredet, schien zugleich keinen Anteil an ihnen zu haben, wie denn seiner Art, zumal der Kunst augenblicklich-endgültiger Formulierung, das Moment des im herkömmlichen Sinne Spontanen und Sprudelnden durchaus abging. Er wirkte nicht wie einer, der Wahrheit erzeugte oder denkend gewann, sondern, indem er sie durch den Gedanken zitierte, wie ein höchstes Instrument von Erkenntnis, auf dem diese ihren Niederschlag hinterließ. Nichts hatte er vom Philosophierenden nach traditionellem Maß. Was er selber zu seinen

Funden beitrug, war kaum ein Lebendiges und »Organisches«; gründlich verfehlte ihn das Gleichnis des Schöpfers. Die Subjektivität seines Denkens war verhutzelt zur spezifischen Differenz; das idiosynkratische Moment seines eigenen Geistes, das Singuläre daran, das der herkömmlich philosophischen Verfahrungsweise für das Zufällige, Ephemere, ganz Nichtige gelten würde, bewährte sich bei ihm als das Medium des Verbindlichen. Angegossen ist ihm der Satz, in der Erkenntnis sei das Individuellste das Allgemeinste. Wäre nicht im Zeitalter der radikalen Divergenz von gesellschaftlichem und naturwissenschaftlichem Bewußtsein jedes physikalische Gleichnis tief suspekt, so könnte man bei ihm tatsächlich von der Energie intellektuellen Atomzerfalls reden. Seiner Insistenz löste das Unauflösliche sich auf; dort gerade ward er des Wesens habhaft, wo die Mauer bloßer Tatsächlichkeit alles trugvoll Wesenhafte unerbittlich verwehrt. Ihn trieb es, formelhaft gesprochen, dazu, aus einer Logik auszubrechen, welche das Besondere mit dem Allgemeinen überspinnt oder das Allgemeine bloß aus dem Besonderen herausabstrahiert. Er wollte das Wesen begreifen, wo es weder in automatischer Operation sich abdestillieren noch dubios sich erschauen läßt: es methodisch erraten aus der Konfiguration bedeutungsferner Elemente. Das Rebus wird zum Modell seiner Philosophie.

Ihrem planvoll Abwegigen jedoch kommt ihre zarte Unwiderstehlichkeit gleich. Sie liegt weder im magischen Effekt, der ihm nicht fremd war, noch in »Objektivität«, als dem bloßen Untergang des Subjekts in jenen Konstellationen. Vielmehr rührt sie her von einem Zug, den die Departementalisierung des Geistes sonst der Kunst vorbehält, der aber, umgesetzt in Theorie, des Scheins sich entäußert und unvergleichliche Würde annimmt: dem Versprechen von Glück. Was Benjamin sagte und schrieb, lautete, als nähme der Gedanke die Verheißungen der Märchen- und Kinderbücher, anstatt mit schmachvoller Reife sie von sich zu weisen, so buchstäblich, daß die reale Erfüllung selber der Erkenntnis absehbar wird. Von Grund auf verworfen ist in seiner philosophischen Topographie die Entsagung. Wer auf ihn ansprach, dem war es zumute wie einem Kind, das durch die Ritze der verschlossenen Tür das Licht des Weihnachtsbaums gewahrt. Aber das Licht verhieß zugleich, als eines der Vernunft, die Wahrheit selber, nicht deren ohnmächtigen Abglanz. War Benjamins Denken kein Schaffen aus dem Nichts, so war es dafür Schenken aus dem Vollen; alles wollte es wiedergutmachen, was Anpassung und Selbsterhaltung an der Lust verbietet, in welcher Sinne und Geist sich verschränken. In seinem Aufsatz über Proust hat er Glücksverlangen als das Motiv des wahlverwandten Dichters bestimmt, und man geht kaum fehl, wenn man dort den Ursprung einer Passion vermutet, der zwei der vollkommensten Übersetzungen der deutschen Sprache – die von ›A l'ombre des jeunes filles en fleurs‹ und von ›Le côté de Guermantes‹ – zu danken sind. Wie aber bei Proust das Glücksverlangen seinen Tiefgang gewinnt durch die lastende Schwere des Desillusionsromans, der in der ›Recherche du temps perdu‹ tödlich sich vollendet, so wird die Treue zum verweigerten Glück bei Benjamin erkauft mit einer Trauer, von der die Geschichte der Philosophie sonst so wenig Zeugnis gibt wie von der Utopie des wolkenlosen Tages. Nicht ferner ist er mit Kafka verwandt als mit Proust. Daß es unendlich viel Hoffnung gebe, nur nicht für uns, könnte seiner Metaphysik als Motto dienen, hätte er je sich herbeigelassen, eine solche zu schreiben, und im Zentrum seines theoretisch entfaltetsten Werkes, des Barockbuchs, steht nicht umsonst die Konstruktion der Trauer als der letzten umschlagenden Allegorie, der von Erlösung. Die in den Abgrund der Bedeutungen stürzende Subjektivität wird »zum förmlichen Garanten des Wunders, weil sie die göttliche Aktion selbst ankündigt«. In all seinen Phasen hat Benjamin den Untergang des Subjekts und die Rettung des Menschen zusammengedacht. Das definiert den makrokosmischen Bogen, dessen mikrokosmischen Figuren er nachhing.

Denn das Unterscheidende seiner Philosophie ist ihre Art von Konkretion. Wie sein Denken in immer erneuten Ansätzen dem klassifikatorischen sich zu entziehen trachtet, so ist ihm das Urbild aller Hoffnung der Name der Dinge und Menschen, und ihn sucht seine Besinnung zu rekonstruieren. Darin scheint er mit der Gesamttendenz sich zu begegnen, die gegen Idealismus und Erkenntnistheorie aufbegehrte, nach den »Sachen selbst« anstatt deren gedanklichem Abguß verlangte und in der Phänomenologie und den an diese anschließenden ontologischen Richtungen ihren schulgerechten Ausdruck fand. Aber wie die entscheidenden Differenzen zwischen den Philosophen allemal in Nuancen sich verstekken, und wie am unversöhnlichsten zueinander steht, was sich ähnelt, aber aus verschiedenen Zentren gespeist ist, so verhält Benjamin sich zu der heute akzeptierten Ideologie des Konkreten. Diese durchschaute er als bloße Maske des an sich selbst irregewordenen Begriffs, ebenso wie er den existentialontologischen Geschichtsbegriff als bloßes Destillat verwarf, aus dem der Stoff der historischen Dialektik verdampft. Die kritische Einsicht des späten Nietzsche, daß die Wahrheit nicht mit dem zeitlos Allgemeinen identisch sei, sondern daß einzig das Geschichtliche die Gestalt des Absoluten abgebe, hat er, ohne sie vielleicht zu kennen, als Kanon seines Verfahrens befolgt. Das Programm ist formuliert in einer Notiz zum fragmentarischen Hauptwerk, daß »das Ewige jedenfalls eher eine Rüsche am Kleid ist als eine Idee«. Dabei hat er keineswegs harmlos die Illustration von Begriffen durch bunte geschichtliche Objekte gemeint, so wie es Simmel hielt, wenn er seine schlichte Metaphysik von Form und Leben am Henkel, am Schauspieler, an Venedig dartat. Sondern seine desperate Anstrengung, aus dem Gefängnis des Kulturkonformismus auszubrechen, galt Konstellationen des Geschichtlichen, die nicht auswechselbare Beispiele für Ideen bleiben, jedoch in ihrer Einzigkeit die Ideen als selber geschichtliche konstituieren.

Das hat ihm den Ruf des Essayisten eingetragen. Bis heute noch ist sein Nimbus der des raffinierten Literators, wie er selber mit antiquarischer Koketterie es würde genannt haben. Angesichts der hintergründigen Absicht seiner Wendung gegen die ausgeleierte Thematik der Philosophie und ihren Jargon – er pflegte ihn Zuhältersprache zu nennen – fällt es leicht genug, das Cliché des Essayisten als bloßes Mißverständnis fortzuweisen. Aber die Berufung auf Mißverständnisse in der Wirkung geistiger Gebilde führt nicht weit. Sie setzt ein Ansichsein des Gehaltes unabhängig von dessen geschichtlichem Schicksal voraus, gar was der Autor sich dabei dachte, und was prinzipiell kaum je auszumachen ist, gewiß nicht bei einem so vielschichtigen und gebrochenen Schriftsteller wie Benjamin. Mißverständnisse sind das Medium der Kommunikation des Nicht-Kommunikativen. Die Herausforderung, ein Aufsatz über Pariser Passagen enthalte mehr an Philosophie als Betrachtungen über das Sein des Seienden, schlägt genauer in den Sinn von Benjamins Werk als die Suche nach jenem sich selbst gleichbleibenden Begriffsskelett, das er in die Rumpelkammer verbannte. Im übrigen hat er, indem er die Grenze zwischen dem Literaten und dem Philosophen nicht respektierte, aus der empirischen Not seine intelligible Tugend gemacht. Zu ihrer Schande haben ihn die Universitäten refüsiert, während der Antiquar in ihm zum Akademischen auf ähnlich ironische Weise sich hingezogen fühlte wie etwa Kafka zum Versicherungswesen. Der perfide Vorwurf des Übergescheiten hat ihn sein Leben lang verfolgt: ein existentieller Bonze hat es gewagt, ihn als »von Dämonen geschlagen« zu beschimpfen, wie wenn das Leiden dessen, den der Geist beherrscht und entfremdet, das metaphysische Vernichtungsurteil über ihn wäre, bloß weil es die quicklebendige Ich-Du-Beziehung verstört. Dabei scheute er zurück vor aller Gewalttat gegen die Worte; Spitzfindigkeit war ihm bis ins Innerste fremd. In Wahrheit erregte er den Haß, weil sein Blick unwillkürlich, ohne alle polemische Absicht die gewohnte Welt in der Sonnenfinsternis zeigte, die ihr permanentes Licht ist. Zugleich jedoch erlaubte ihm dafür das Inkommensurable seiner Natur, durch keine Taktik überwindbar und unfähig zum Gesellschaftsspiel in der Republik der Geister, auf eigene Faust und ungeschützt als Essayist sein Leben sich zu verdienen. Das hat die Agilität seines Tiefsinns unendlich gefördert. Er lernte, mit lautlosem Kichern die gewaltigen Uransprüche der prima philosophia ihrer Hohlheit zu überführen. All seine Äußerungen sind gleich nah zum Mittelpunkt. Die in der ›Literarischen Welt‹ und der ›Frankfurter Zeitung‹ verstreuten Aufsätze zeugen kaum weniger für die hartnäckige Intention als die Bücher und die großen Abhandlungen aus der ›Zeitschrift für Sozialforschung‹. Die Maxime der ›Einbahnstraße‹, alle entscheidenden Schläge heute würden mit der linken Hand geführt, hat er selber befolgt, ohne doch darum von der Wahrheit das Mindeste nachzulassen. Noch die preziösesten literarischen Spielereien fungieren als Etüden zum chef d'œuvre, dessen Genre er zugleich gründlich mißtraute.

Der Essay als Form besteht im Vermögen, Geschichtliches, Manifestationen des objektiven Geistes, »Kultur« so anzuschauen, als wären sie Natur. Benjamin war dazu fähig wie kaum einer. Sein gesamtes Denken ließe als »naturgeschichtlich« sich bezeichnen. Ihn sprachen die versteinerten, erfrorenen oder obsoleten Bestandstücke der Kultur, alles an ihr, was der anheimelnden Lebendigkeit sich entäußerte, so an, wie den Sammler das Petrefakt oder die Pflanze im Herbarium. Kleine Glaskugeln, die eine Landschaft enthalten, auf die es schneit, wenn man sie schüttelt, zählten zu seinen Lieblingsutensilien. Das französische Wort für Stilleben, nature morte, könnte über der Pforte zu seinen philosophischen Verliesen geschrieben stehen. Der Hegelsche Begriff der zweiten Natur als der Vergegenständlichung sich selbst entfremdeter menschlicher Verhältnisse, auch die Marxische Kategorie des Warenfetischismus gewinnt bei Benjamin eine Schlüsselposition. Ihn fesselt es nicht bloß, geronnenes Leben im Versteinten – wie in der Allegorie – zu erwecken, sondern auch Lebendiges so zu betrachten, daß es längst vergangen, »urgeschichtlich« sich präsentiert und jäh die Bedeutung freigibt. Philosophie eignet den Warenfetischismus sich selber zu: alles muß ihr zum Ding sich verzaubern, damit sie das

Unwesen der Dinglichkeit entzaubere. So gesättigt ist dies Denken mit Kultur als seinem Naturgegenstand, daß es der Verdinglichung sich verschwört, anstatt ihr unentwegt zu widersprechen. Das ist der Ursprung von Benjamins Neigung, seine geistige Kraft ans ganz Entgegengesetzte zu zedieren, wie sie in der Arbeit über das ›Kunstwerk im Zeitalter seiner technischen Reproduzierbarkeit‹ den extremen Ausdruck fand. Der Blick seiner Philosophie ist medusisch. Besetzt in ihr, zumal ihrer älteren, eingestanden theologischen Phase, der Begriff des Mythos die zentrale Stelle als Widerpart zur Versöhnung, dann wird seinem eigenen Denken wiederum alles, und zumal das Ephemere, mythisch. Die Kritik der Naturbeherrschung, welche das letzte Stück der ›Einbahnstraße‹ programmatisch anmeldet, hebt den ontologischen Dualismus von Mythos und Versöhnung auf: diese ist die des Mythos selber. Im Fortgang solcher Kritik wird der Begriff des Mythos säkularisiert. Seine Lehre vom Schicksal als dem Schuldzusammenhang des Lebendigen geht über in die vom Schuldzusammenhang der Gesellschaft: »Solange es noch einen Bettler gibt, gibt es noch Mythos.« So wendet sich Benjamins Philosophie, die einmal, etwa in der ›Kritik der Gewalt‹, die Wesenheiten unmittelbar beschwören wollte, immer entschiedener zur Dialektik. Diese wuchs nicht einem an sich statischen Denken von außen oder durch bloße Entwicklung zu, sondern war vorgebildet in dem Quid pro quo des Starrsten und des Beweglichsten, das in all seinen Phasen wiederkehrt. Immer deutlicher trat die Konzeption von der »Dialektik im Stillstand« in den Vordergrund.

Die Versöhnung des Mythos ist das Thema von Benjamins Philosophie. Aber es bekennt sich, wie in guten musikalischen Variationen, kaum je kahl ein, sondern hält sich verborgen und schiebt die Last seiner Legitimation der jüdischen Mystik zu, von der er in der Jugend durch seinen Freund Gerhard Scholem, den bedeutenden Kabbalaforscher, erfuhr. Es steht dahin, wie weit er in der Tat auf jene neuplatonischen und antinomistisch-messianischen Überlieferungen sich stützte. Manches spricht dafür, daß er, der kaum je mit aufgedeckten Karten spielte, aus eingewurzelter Opposition gegen amateurhaftes Drauflosdenken und »freischwebende« Intelligenz die unter Mystikern beliebte Technik der Pseudepigraphie auch seinerseits benutzte – freilich ohne mit den Texten herauszurücken –, um damit die Wahrheit zu überlisten, von der er argwöhnte, sie sei der autonomen Besinnung unzugänglich. Auf jeden Fall hat er an der Kabbala seinen Begriff des heiligen Textes orientiert. Philosophie bestand ihm wesentlich aus Kommentar und Kritik, und der Sprache, als der Kristallisation des »Namens«, schrieb er höheres Recht zu als das des Bedeutungs- und selbst Ausdrucksträgers. Die Beziehung von Philosophie auf je kodifiziert vorliegende Lehrmeinungen ist ihrer großen Tradition weniger fremd, als Benjamin glauben mochte. Zentrale Schriften oder Partien von Aristoteles und Leibniz, von Kant und Hegel sind »Kritiken« nicht nur implizit, als Arbeit an aufgeworfenen Problemen, sondern als spezifische Auseinandersetzungen. Erst als die zur Branche zusammengeschlossenen Philosophen des eigenen Denkens sich entwöhnten, glaubte ein jeder dadurch sich decken zu müssen, daß er vor Erschaffung der Welt anfing oder womöglich diese in eigene Regie nahm. Demgegenüber hat Benjamin den entschlossenen Alexandrinismus vertreten und damit alle wurzelwütigen Affekte gegen sich aufgebracht. Die Idee des heiligen Textes transponierte er in eine Aufklärung, in die umzuschlagen nach Scholems Aufweis die jüdische Mystik selber sich anschickte. Sein Essayismus ist die Behandlung profaner Texte, als wären es heilige. Keineswegs hat er an theologische Relikte sich geklammert oder, wie die religiösen Sozialisten, die Profanität auf einen transzendenten Sinn bezogen. Vielmehr erwartete er einzig von der radikalen, schutzlosen Profanisierung die Chance fürs theologische Erbe, das in jener sich verschwendet. Der Schlüssel zu den Rätselbildern ist verloren. Sie sollen, wie es in dem barocken Gedicht von der Melancholie heißt, »selber reden«. Das Verfahren ähnelt der Blague Thorstein Veblens, er studiere fremde Sprachen, indem er jedes Wort so lange anstarre, bis er wisse, was es heiße. Unverkennbar die Analogie zu Kafka. Aber er unterscheidet sich von dem älteren Prager, dem noch in der äußersten Negativität ein Ländliches, episch Traditionales innewohnt, sowohl durch das weit prononciertere Element von Urbanität als Widerspiel zum Archaischen, wie dadurch, daß sein Denken, kraft des aufklärerischen Zuges, gegen die dämonische Regression unendlich viel gefeiter sich zeigt als Kafka, dem deus absconditus und Teufel sich verwirrten. Vorbehaltlos, ohne Mentalreservat konnte Benjamin in seiner reifen Zeit gesellschaftlich-kritischen Einsichten sich überlassen und hat doch von seinen Impulsen keinen sich verboten. Die Kraft der Auslegung hat sich umgesetzt in die, Äußerungen der bürgerlichen Kultur als Hieroglyphen ihres finsteren Geheimnisses zu durchschauen: als Ideologien. Gelegentlich hat er von dem »materialistischen Giftstoff« gesprochen, den er seinem Denken beimischen müsse, damit es überlebe. Zu den Illusionen, deren er sich entschlug, um nicht entsagen zu müssen, gehörte auch die von der monadologischen, in sich ruhenden Gestalt der eigenen Reflexion, die er unermüdlich, unbekümmert um den Schmerz der Entäußerung, an der zwangvollen Tendenz des Kollektivs maß. Aber er hat das fremde Element so ganz der eigenen Erfahrung assimiliert, daß es dieser zum Guten anschlug.

Asketische Gegenkräfte hielten denen des an jedem Gegenstand sich erneuernden Einfalls die Waage. Das hat Benjamin zur Philosophie wider die Philosophie verholfen. Nicht übel ließe sie sich darstellen an den Kategorien, die in ihr nicht vorkommen. Von ihnen vermittelt eine Vorstellung die Idiosynkrasie gegen Worte wie Persönlichkeit. Sein Denken sträubt sich von Anbeginn gegen die Lüge, Mensch und Menschengeist gründeten in sich selbst, und in ihnen entspränge ein Absolutes. Das Schneidende dieser Reaktionsweise läßt sich nicht verwechseln mit den neureligiösen Bewegungen, welche den Menschen in der Reflexion nochmals zu jener

Kreatur machen wollen, zu der ihn die vollendete gesellschaftliche Abhängigkeit ohnehin degradiert. Er zielt nicht gegen den angeblich aufgeblähten Subjektivismus sondern gegen den Begriff des Subjektiven selber. Zwischen den Polen seiner Philosophie, Mythos und Versöhnung, zergeht das Subjekt. Dem medusischen Blick verwandelt der Mensch weithin sich zum Schauplatz objektiven Vollzugs. Darum verbreitet Benjamins Philosophie Schrecken kaum weniger, als sie Glück verspricht. Wie im Umkreis des Mythos anstelle von Subjektivität Vielfalt und Vieldeutigkeit herrscht, so ist die Eindeutigkeit der Versöhnung – nach dem Modell des »Namens« vorgestellt – das Widerspiel menschlicher Autonomie. Diese wird, beim tragischen Helden etwa, zum dialektischen Durchgangsmoment herabgesetzt, und die Versöhnung des Menschen mit der Schöpfung hat die Auflösung alles selbstgesetzten Menschenwesens zur Bedingung. Einer mündlichen Äußerung zufolge erkannte Benjamin das Selbst nur als mystisches, nicht als metaphysisch-erkenntniskritisches, als »Substantialität« an. Innerlichkeit ist ihm nicht bloß die Heimstätte von Dumpfheit und trüber Selbstgenügsamkeit sondern auch das Phantasma, welches das mögliche Bild des Menschen verstellt: überall kontrastiert er ihr das leibhaft Auswendige. So wird man denn nach Begriffen nicht nur wie Autonomie, sondern auch wie Totalität, Leben, System, die alle dem Bannkreis der subjektiven Metaphysik angehören, vergebens bei ihm suchen. Was er an dem sonst von ihm gänzlich verschiedenen Karl Kraus zu dessen Mißvergnügen feierte, ist ein eigener Zug Benjamins: Unmenschlichkeit gegen den Trug des Allmenschlichen. Die von ihm außer Kurs gesetzten Kategorien sind aber zugleich die eigentlich gesellschaftlich-ideologischen. Je und je wirft in ihnen der Herr sich als Gott auf. Der Kritiker der Gewalt ruft die subjektive Einheit gleichsam ins mythische Gewimmel zurück, um sie selber noch als bloßes Naturverhältnis zu begreifen; der an der Kabbala ausgerichtete Sprachphilosoph betrachtet sie als Gekritzel für den Namen. Das verbindet seine materialisti-

sche Phase der theologischen. Seine Anschauung von Moderne als Archaik bewahrt nicht Spuren eines vorgeblich alten Wahren auf, sondern meint den realen Ausbruch aus der Traumbefangenheit der bürgerlichen Immanenz. Er läßt es nicht sowohl sich angelegen sein, die Totalität der bürgerlichen Gesellschaft nachzukonstruieren, als vielmehr sie als Verblendetes, Naturhaftes, Diffuses unter die Lupe zu nehmen. Den Gedanken der universalen Vermittlung, der bei Hegel wie bei Marx die Totalität stiftet, hat dabei seine mikrologische und fragmentarische Methode nie ganz sich zugeeignet. Unbeirrt stand er zu seinem Grundsatz, die kleinste Zelle angeschauter Wirklichkeit wiege den Rest der ganzen Welt auf. Ihm hieß, Phänomene materialistisch interpretieren, weniger sie aus dem gesellschaftlichen Ganzen erklären, als sie unmittelbar, in ihrer Vereinzelung, auf materielle Tendenzen und soziale Kämpfe beziehen. So gedachte er der Entfremdung und Vergegenständlichung zu entgehen, in der die Betrachtung des Kapitalismus als System diesem sich anzugleichen droht. Motive des frühen Hegel, den er kaum kannte, treten hervor: auch im dialektischen Materialismus hat er verspürt, was jener »Positivität« nannte, und auf seine Weise ihr opponiert. In der Tuchfühlung mit dem stofflich Nahen, der Affinität zu dem was ist, war seinem Denken, bei aller Fremdheit und Schärfe, stets ein eigentümlich Bewußtloses, wenn man will Naives gesellt. Solche Naivetät ließ ihn zuweilen mit machtpolitischen Tendenzen sympathisieren, welche, wie er wohl wußte, seine eigene Substanz, unreglementierte geistige Erfahrung, liquidiert hätten. Aber auch ihnen gegenüber hat er verschmitzt eine auslegende Haltung eingenommen, als wäre, wenn man nur den objektiven Geist deutet, gleichzeitig ihm Genüge getan und sein Grauen als begriffenes gebannt. Eher war er bereit, der Heteronomie spekulative Theorien beizustellen als auf Spekulation zu verzichten.
Politik und Metaphysik, Theologie und Materialismus, Mythos und Moderne, intentionsloser Stoff und extravagante

Spekulation – alle Straßen von Benjamins Stadtschaft konvergierten in dem Plan des Buchs über Paris als in ihrer Etoile. Aber es wäre ihm nicht beigekommen, etwa an dem ihm gleichsam apriorisch zubestimmten Gegenstand seine Philosophie zusammenfassend darzustellen. Wie die Konzeption vom konkreten Anstoß ausgelöst ward, so bewahrte sie sich durch all die Jahre hindurch die monographische Form. Ein in der ›Neuen Rundschau‹ erschienener Aufsatz ›Traumkitsch‹ beschäftigte sich mit dem schockhaften Aufblitzen obsoleter Elemente des neunzehnten Jahrhunderts im Surrealismus. Die stoffliche Einsatzstelle bot ein Magazinaufsatz über Pariser Passagen, den er und Franz Hessel projektierten. Am Titel Passagenarbeit hielt er fest, nachdem längst ein Entwurf zusammengeschossen war, der mit extremen physiognomischen Zügen des neunzehnten Jahrhunderts ähnlich verfahren sollte wie das Trauerspielbuch mit denen des Barock. Aus ihnen dachte er die Idee der Epoche zu konstruieren im Sinne einer Urgeschichte von Moderne. Diese sollte nicht etwa archaische Rudimente im Jüngstvergangenen entdecken, sondern das je Neueste selber als Figur des Ältesten bestimmen: »Der Form des neuen Produktionsmittels, die im Anfang noch von der des alten beherrscht wird ..., entsprechen im Kollektivbewußtsein Bilder, in denen das Neue sich mit dem Alten durchdringt. Diese Bilder sind Wunschbilder, und in ihnen sucht das Kollektiv die Unfertigkeit des gesellschaftlichen Produkts sowie die Mängel der gesellschaftlichen Produktionsordnung sowohl aufzuheben wie zu verklären. Daneben tritt in diesen Wunschbildern das nachdrückliche Streben hervor, sich gegen das Veraltete – das heißt aber: gegen das Jüngstvergangene – abzusetzen. Diese Tendenzen weisen die Bildphantasie, die von dem Neuen ihren Anstoß erhielt, an das Urvergangene zurück. In dem Traum, in dem jeder Epoche die ihr folgende in Bildern vor Augen tritt, erscheint die letztere vermählt mit Elementen der Urgeschichte, das heißt einer klassenlosen Gesellschaft. Deren Erfahrungen, welche im Unbewußten des Kollektivs ihr Depot haben, erzeugen in Durchdringung mit dem Neuen die Utopie, die in tausend Konfigurationen des Lebens, von den dauernden Bauten bis zu den flüchtigen Moden, ihre Spur hinterläßt.« Solche Bilder indessen galten Benjamin für mehr als für Archetypen des kollektiven Unbewußten wie bei Jung: er verstand unter ihnen objektive Kristallisationen der geschichtlichen Bewegung und belegte sie mit dem Namen dialektische Bilder. Eine grandios improvisierte Theorie des Spielers erstellte deren Modell: sie sollten geschichtsphilosophisch die Phantasmagorie des neunzehnten Jahrhunderts als Figur der Hölle enträtseln. Jene ursprüngliche Schicht der Passagenarbeit, etwa von 1928, wurde dann von einer zweiten materialistischen überlagert: sei es, daß die Bestimmung des neunzehnten Jahrhunderts als Hölle angesichts des hereinbrechenden Dritten Reichs unhaltbar ward, sei es, daß der Gedanke an die Hölle in eine gänzlich veränderte politische Richtung drängte, als Benjamin von der strategischen Rolle der Haussmannschen Boulevarddurchbrüche Rechenschaft sich ablegte, und vor allem, als er auf eine verschollene, im Gefängnis entstandene Schrift von Auguste Blanqui, ›L'éternité par les astres‹, stieß, welche mit dem Akzent absoluter Verzweiflung Nietzsches Lehre von der ewigen Wiederkehr vorwegnimmt. Die zweite Phase des Passagenplans ist dokumentiert in dem 1935 geschriebenen Memorandum ›Paris, die Hauptstadt des XIX. Jahrhunderts‹. Es bezieht jeweils Schlüsselgestalten der Epoche auf Kategorien der Bilderwelt. Von Fourier und Daguerre, von Grandville und Louis Philippe, von Baudelaire und Haussmann sollte gehandelt werden, aber es ging um Themen wie Mode und nouveauté, Ausstellungswesen und Gußeisenkonstruktion, den Sammler, den Flaneur, die Prostitution. Von dem mit äußerster Erregung besetzten Bereich der Interpretation mag etwa eine Stelle über Grandville zeugen: »Die Weltausstellungen bauen das Universum der Waren auf. Grandvilles Phantasien übertragen den Warencharakter aufs Universum. Sie modernisieren es. Der Saturnring wird ein gußeiserner Balkon, auf dem die Saturnbewohner abends Luft schöpfen ... – Die Mode schreibt das Ritual vor, nach dem der Fetisch Ware verehrt sein will, Grandville dehnt ihren Anspruch auf die Gegenstände des alltäglichen Gebrauchs so gut wie auf den Kosmos aus. Indem er sie in ihren Extremen verfolgt, deckt er ihre Natur auf. Sie steht im Widerstreit mit dem Organischen. Sie verkuppelt den lebendigen Leib der anorganischen Welt. An dem Lebenden nimmt sie die Rechte der Leiche wahr. Der Fetischismus, der dem Sex-Appeal des Anorganischen unterliegt, ist ihr Lebensnerv. Der Kultus der Ware stellt ihn in seinen Dienst.« Überlegungen solchen Stils führten in das geplante Baudelairekapitel. Benjamin zweigte es von dem großen Entwurf ab, um ein kürzeres dreiteiliges Buch daraus zu machen; ein großes Stück erschien 1939–40 in der ›Zeitschrift für Sozialforschung‹ als Aufsatz ›Über einige Motive bei Baudelaire‹. Er zählt zu den wenigen Texten, die er aus dem Passagenkomplex unter Dach und Fach brachte. Ein zweiter sind die Thesen ›Über den Begriff der Geschichte‹, welche gleichsam die erkenntnistheoretischen Erwägungen zusammenfassen, deren Entwicklung die des Passagenentwurfs begleitet hat. Von diesem liegen Tausende von Seiten vor, Materialstudien, die während der Okkupation in Paris versteckt waren. Das Ganze jedoch läßt sich kaum rekonstruieren. Benjamins Absicht war es, auf alle offenbare Auslegung zu verzichten und die Bedeutungen einzig durch schockhafte Montage des Materials hervortreten zu lassen. Philosophie sollte nicht bloß den Surrealismus einholen, sondern selber surrealistisch werden. Den Satz aus der ›Einbahnstraße‹, Zitate aus seinen Arbeiten seien wie Räuber am Wege, die hervorbrechen und dem Leser seine Überzeugungen abnehmen, faßte er wörtlich auf. Zur Krönung seines Antisubjektivismus sollte das Hauptwerk nur aus Zitaten bestehen. Nur spärlich finden sich Interpretationen notiert, die nicht im Baudelaire und den geschichtsphilosophischen Thesen aufgegangen wären, und kein Kanon besagt, wie das verwegene Unterfangen einer

vom Argument gereinigten Philosophie etwa sich realisieren
ließe, auch nur, wie die Zitate einigermaßen sinnvoll aneinanderzureihen wären. Die fragmentarische Philosophie blieb
Fragment, Opfer vielleicht einer Methode, von der nicht entschieden ist, ob sie im Medium des Gedankens überhaupt
sich einlösen läßt.

Die Methode aber kann vom Gehalt nicht getrennt werden.
Benjamins Ideal von Erkenntnis beschied sich nicht bei der
Reproduktion dessen, was ohnehin ist. In der Einschränkung
des Umkreises möglicher Erkenntnis, dem Stolz der neueren
Philosophie auf illusionslose Reife, witterte er die Sabotage
am Glücksanspruch, die bloße Bekräftigung des endlos Gleichen: den Mythos selber. Gepaart aber ist das utopische Motiv mit dem antiromantischen. Unverführt blieb er von allen
dem Scheine nach verwandten Versuchen – etwa dem Schelerschen –, aus natürlicher Vernunft Transzendenz zu ergreifen,
als wäre der grenzensetzende Prozeß der Aufklärung widerrufbar, und es ließe auf vergangene theologisch überwölbte
Philosophien unbekümmert sich rekurrieren. Darum verwehrt sein Denken seinem Ansatz nach sich selbst das »Gelingen« bruchloser Einstimmigkeit und macht das Fragmentarische zum Prinzip. Um zustande zu bringen, was ihm vorschwebte, wählte er die vollkommene Exterritorialität zur
manifesten Überlieferung der Philosophie. Trotz aller Bildung gehen die Elemente ihrer approbierten Geschichte nur
versprengt, unterirdisch, quer in sein Labyrinth ein. Das Inkommensurable beruht auf einem unmäßigen sich Überlassen an den Gegenstand. Indem der Gedanke gleichsam zu
nah an die Sache herantritt, wird diese fremd wie jegliches
Alltägliche unterm Mikroskop. Wollte man ihn, um der Absenz von System und geschlossenem Begründungszusammenhang willen, unter die Repräsentanten von Intuition
oder Schau einreihen – und so ist er oft selbst von Freunden
mißverstanden worden –, dann vergäße man das Beste. Nicht
der Blick als solcher beansprucht unvermittelt das Absolute,
aber die Weise des Blickens, die gesamte Optik ist verändert.

Die Technik der Vergrößerung läßt das Erstarrte sich bewegen und das Bewegte innehalten. Seine Vorliebe für minimale oder schäbige Objekte wie Staub und Plüsch in der Passagenarbeit steht komplementär zu jener Technik, die von all dem angezogen wird, was durch die Maschen des konventionellen Begriffsnetzes hindurchschlüpfte oder vom herrschenden Geist zu sehr verachtet ist, als daß er andere Spuren daran hinterlassen hätte als die des hastigen Urteils. Wie Hegel hofft der Dialektiker der Phantasie, die er als »Extrapolation im Kleinsten« definierte, die »Sache, wie sie an und für sich selber ist, zu betrachten«, also ohne Anerkennung der unaufhebbaren Schwelle zwischen Bewußtsein und Ding an sich. Aber die Distanz solcher Betrachtung ist verrückt. Weil nicht sowohl, wie bei Hegel, Subjekt und Objekt als schließlich identisch entwickelt werden, sondern vielmehr die subjektive Intention als im Gegenstand erlöschende vorgestellt ist, gibt dies Denken mit Intentionen nicht sich zufrieden. Der Gedanke rückt der Sache auf den Leib, als wollte er in Tasten, Riechen, Schmecken sich verwandeln. Kraft solcher zweiten Sinnlichkeit hofft er, in die Goldadern einzudringen, die kein klassifikatorisches Verfahren erreicht, ohne doch darüber dem Zufall der blinden Anschauung sich zu überantworten. Die Herabsetzung der Distanz zum Gegenstand stiftet zugleich die Beziehung auf mögliche Praxis, die später dann Benjamins Denken leitet. Was die Erfahrung im déjà vu unerhellt und ohne Objektivität vorfindet, was Proust für die dichterische Rekonstruktion durch unwillkürliche Erinnerung sich versprach, wollte Benjamin einholen und zur Wahrheit erheben durch den Begriff. Diesen verpflichtet er, in jedem Augenblick selber zu leisten, was sonst dem begrifflosen Erfahren vorbehalten wird. Der Gedanke soll die Dichte der Erfahrung gewinnen und doch auf nichts von seiner Strenge verzichten.

Die Utopie der Erkenntnis aber hat die Utopie zum Inhalt. Benjamin nannte sie die »Unwirklichkeit der Verzweiflung«. Philosophie verdichtet sich zur Erfahrung, daß ihr die Hoffnung zuteil werde. Diese jedoch erscheint einzig als gebrochene. Wenn Benjamin die Überbelichtung der Gegenstände veranstaltet um der verborgenen Konturen willen, die einmal im Stande der Versöhnung an ihnen offenbar werden sollen, dann tritt zugleich der Abgrund zwischen diesem und dem Dasein schroff hervor. Der Preis für die Hoffnung ist das Leben: »messianisch ist die Natur aus ihrer ewigen und totalen Vergängnis« und Glück, nach einem alles einsetzenden Fragment der Spätzeit, deren eigener »Rhythmus«. Darum ist die Mitte von Benjamins Philosophie die Idee der Rettung des Toten als der Restitution des entstellten Lebens durch die Vollendung seiner eigenen Verdinglichung bis hinab ins Anorganische. »Nur um der Hoffnungslosen willen ist uns die Hoffnung gegeben«, schließt die Abhandlung über die ›Wahlverwandtschaften‹. Im Paradoxon der Möglichkeit des Unmöglichen hat bei ihm ein letztes Mal Mystik und Aufklärung sich zusammengefunden. Er hat des Traumes sich entschlagen, ohne ihn zu verraten und sich zum Komplizen dessen zu machen, worin stets die Philosophen sich einig waren: daß es nicht sein soll. Der Charakter des Rätsel- und Vexierbildes, den er selbst den Aphorismen der ›Einbahnstraße‹ verlieh und der alles markiert, was er überhaupt schrieb, hat in jener Paradoxie seinen Grund. Sie mit den einzigen Mitteln, über welche Philosophie verfügt, den Begriffen, doch noch auseinanderzulegen, ist das Eine, um dessentwillen er ins Mannigfaltige rückhaltlos sich versenkte.

Zur vorliegenden Auswahl

Für Adorno, der nach dem Ende des Naziregimes Walter Benjamin der literarischen Öffentlichkeit Deutschlands durch einen Essay zurückgab, der der vorliegenden Sammlung als Nachwort beigegeben ist, stand es außer Frage, daß das Werk seines Freundes im emphatischen Sinn der Philosophie zugehörte; daß es keineswegs in irgendeiner vagen Gabe, ›dichterisch zu denken‹, bestand. Benjamins spezifischer Beitrag zum philosophischen Schrifttum mag durchaus in den von ihm selber so genannten ›Denkbildern‹ zu suchen sein, einer Form der kleinen Prosa, die den theoretischen Gehalt physiognomisierend dem Unbegrifflichen, Konkreten abzugewinnen sucht: die vorliegende Auswahl, die den übrigen Bänden der Universal-Bibliothek unter philosophischem Impressum sich anschließt, wählt einen anderen Weg. Sie konzentriert sich auf die im engeren Sinn philosophischen Texte des Autors; sie will zeigen, daß Benjamin – so nachdrücklich er später von ihm sich lösen sollte – sehr wohl von einem Schulbegriff der Philosophie ausging und ihm, wann immer er es wollte, auf unverwechselbare Art zu genügen verstand.

Gershom Scholem sah in Benjamin den »legitimen Fortsetzer der fruchtbarsten und echtesten Traditionen eines Hamann und Humboldt«, dessen Erkenntnisse sich der Metaphysik der Sprache verdankten. Zu dem frühen Sprachaufsatz von 1916, einer Art Inauguraladresse seines Denkens, der die zwei Jahre zuvor entstandene Hölderlin-Arbeit präludierte, hat Benjamin bis zuletzt sich bekannt. Die Erkenntniskritische Vorrede zum *Ursprung des deutschen Trauerspiels* von 1925 nannte er gelegentlich »so eine Art zweites, ich weiß nicht, ob besseres, Stadium der frühen Spracharbeit, [...] als Ideenlehre frisiert«. *Die Aufgabe des Übersetzers*, als Vorrede zu Benjamins Baudelaire-Übertragung veröffentlicht, entstand zeitlich zwischen den zwei Stadien seiner Sprachtheorie und führt zugleich über beide hinaus, indem in ihr der Utopie »einer Integration der vielen Sprachen zur einen wahren«, zur »Sprache der Wahrheit« nachgesonnen wird. Benjamins letzter Beitrag zum Thema, *Über das mimetische Vermögen* überschrieben und in den ersten Monaten unter Hitler entstanden, galt ihm als »eine neue Sprachtheorie«; in ihr verschränkte die Theorie der Sprache sich mit exponiertesten Spekulationen zur Gattungsgeschichte. Der bereits 1919 geschriebene Aufsatz *Schicksal und Charakter*, der in mancher Hinsicht Schlüsselfunktion für Benjamins Philosophie besitzt, stellt einen Versuch dar, mit der Phänomenologie verwandten Mitteln den »erstarrten Begriffspanzer« der Worte zu »lösen«, um derart ihr ursprüngliches Leben zurückzugewinnen.

Wie Sprache den einen Pol bildet, um den Benjamins Denken kreist, so Geschichte den anderen; mit beider philosophischer Betrachtung hat er fast von Anfang an nebeneinander sich befaßt. 1921 entstand die große Abhandlung *Zur Kritik der Gewalt*, ein Stück politischer Philosophie, wie es ihrer nicht allzu viele in der deutschen Literatur gibt. In ihr, wie auch in dem wohl gleichzeitigen, rätselvollen *Theologisch-politischen Fragment*, dokumentiert sich Benjamins frühes und nie ganz verleugnetes Sympathisieren mit Doktrinen des Anarchismus. Seine dann zeitweilig weitgehende Annäherung an den dialektischen Materialismus vertritt in der vorliegenden Auswahl am ehesten der Essay *Erfahrung und Armut* von 1933; dies freilich in einer durch den Filter Bertolt Brechts hindurchgegangenen Version. Die inzwischen weltberühmten Thesen *Über den Begriff der Geschichte* zeigen Benjamin am Ende als Kritiker jeder, auch der marxistischen Fortschrittsideologie und ihrer real existierenden Pervertierungen. In dieser letzten, im Frühjahr 1940 geschriebener Arbeit schwebte Benjamin nichts Geringeres vor, als die Geschichte gegen den Strich zu bürsten: an die Stelle einer Geschichtsschreibung aus der Perspektive der Sieger sollte jüdisches Eingedenken an die Unterdrückten und Unterlegenen treten. Im Zentrum der geschichtsphilosophischen Thesen findet sich jenes Bild des Angelus Novus, dem Geschichte als »eine einzige Katastrophe, die unablässig Trümmer auf Trümmer häuft«, erscheint, der ›Trümmerhaufen‹ aber so unabsehbar, daß er bereits »zum Himmel wächst«. Als eines ihrer Opfer starb auch Benjamin, wenige Monate nachdem er die Thesen abgeschlossen hatte.

R. T.

Textnachweise

Die vorliegenden Essays aus dem Werk von Walter Benjamin sind der Ausgabe der *Gesammelten Schriften* entnommen:

> Walter Benjamin: Gesammelte Schriften. Unter Mitw. von Theodor W. Adorno und Gershom Scholem hrsg. von Rolf Tiedemann und Hermann Schweppenhäuser. Bd. 1 ff. Frankfurt a. M.: Suhrkamp, 1972 ff.
>
> Zwei Gedichte von Friedrich Hölderlin. In: Bd. 2,1. 1977. S. 105–126.
> Über Sprache überhaupt und über die Sprache des Menschen. In: Bd. 2,1. 1977. S. 140–157.
> Die Aufgabe des Übersetzers. In: Bd. 4,1. 1972. S. 9–21.
> Erkenntniskritische Vorrede ⟨zum *Ursprung des deutschen Trauerspiels*⟩. In: Bd. 1,1. 1974. S. 207–228.
> Über das mimetische Vermögen. In: Bd. 2,1. 1977. S. 210–213.
> Schicksal und Charakter. In: Bd. 2,1. 1977. S. 171–179.
> Zur Kritik der Gewalt. In: Bd. 2,1. 1977. S. 179–203.
> Theologisch-politisches Fragment. In: Bd. 2,1. 1977. S. 203 f.
> Erfahrung und Armut. In: Bd. 2,1. 1977. S. 213–219.
> Über den Begriff der Geschichte. In: Bd. 1,2. 1974. S. 691–704.

© 1972, 1974, 1977 Suhrkamp Verlag, Frankfurt am Main

Der Essay über Benjamin von Theodor W. Adorno aus *Prismen. Kulturkritik und Gesellschaft* (1955) folgt dem Text in der Ausgabe der *Gesammelten Schriften*:

> Theodor W. Adorno: Gesammelte Schriften. Hrsg. von Rolf Tiedemann. Bd. 1 ff. Frankfurt a. M.: Suhrkamp, 1970 ff.

Charakteristik Walter Benjamins. In: Bd. 10,1. 1977. S. 238–253

© 1955, 1977 Suhrkamp Verlag, Frankfurt am Main